U0113277

2017

沿线国家五通指数报告

主　　编：翟　崑　王继民

执行主编：陈艺元

商务印书馆
The Commercial Press

2018年·北京

主编

翟　崑　王继民

执行主编

陈艺元

编委会

（按姓氏音序排列）

陈艺元　顾春光　李　卓　刘　锋　刘静烨　聂　磊

山　旭　王继民　王若佳　吴亚平　曾兰馨　翟　崑

课题指导委员会

（按姓氏音序排列）

程　瑛　李红梅　王　博　王　磊　张东晓

让"一带一路"心中有数

翟 崑

2017 年 5 月 14 日，习近平主席在"一带一路"国际合作高峰论坛上提出"一带一路"需要行稳致远。《"一带一路"沿线国家五通指数报告》（以下简称《五通》）是北京大学开发的用来科学量化评估"一带一路"整体进展状态的学术成果，帮助决策者和实践者对"一带一路"建设做到心中有"数"。

"一带一路"的行稳致远，需要三组动态平衡形成共振：一是投入与产出的动态平衡，做到互利共赢；二是发展与安全的动态平衡，做到趋利避害；三是国内与国际的动态平衡，做到内外融通。"一带一路"的决策者和实践者，需要定性把握和定量评估相结合，才能做到心中有数。《五通》即致力于为此提供智力服务，有如下特点，或者说是使用指南：

［作者简介］翟崑，博士，北京大学国际关系学院教授、博士生导师，北京大学全球互联互通研究中心主任，北京大学国际战略研究院特约研究员。

一是内容的全面性，以"一带一路"的核心内容"五通"作为评估的主要对象，包括政策沟通、设施联通、贸易畅通、资金融通、民心相通，并将它们分别设立三级指标，进行深入细致的评估。

二是空间的覆盖性，覆盖沿线主要国家，并且随着"一带一路"合作伙伴的扩展而不断增加国别，如将逐步加入拉美和非洲国家。

三是时间的连贯性，每年做一次评估，可以进行比较分析。2017年是第二年，与2016年相比，有很多变化。此外，五通指数也可以根据不同的周期进行评估，比如月度、季度等。

四是读者的关联性，读者可以根据自己所属领域进行对比查找。比如某企业是属于设施联通领域的，它可以查阅某地区、某国家的设施联通情况，尤其是与中国的联通情况。

五是问题的汇聚性，因为任何一个行当都联通其他领域，比如某部门是金融领域，它可以查看相关的金融政策沟通情况以及在贸易投资、设施投资方面的变化。

六是分析的权威性，我们在每一个领域都找到专家进行解读。据我们所知，目前一些政府部门、产业部门，还有学术部门，开始将《五通》作为参考，制定政策、设计战略、展开研究。

当前，北京大学响应习近平主席的号召，大力开展区域国别研究和"一带一路"研究，两者相辅相成。区域国别研究是"一带一路"研究的沃土和基础，"一带一路"研究是区域国别研究的升华和应用。《五通》就是在这种环境下孕育的早期收获果实。我们希望，以《五通》为礼为桥，庆贺2017年商务印书馆建馆120周年，庆贺2018年北大建校120周年，相融相通，生生不息。

目　录

总论

第一章

"一带一路"如何行稳致远

翟　崑

　　2017年5月14日、15日举办的"一带一路"国际合作高峰论坛（以下简称"峰会"）以"开辟合作新起点，谋求发展新动力"为主题，将"一带一路"建设推向新阶段，起到为"一带一路"建设安心立命、融通内外、行稳致远的作用，更加强化了"五通"政策，即"政策沟通、设施联通、贸易畅通、资金融通、民心相通"，对于"一带一路"建设的核心作用。

一、为"一带一路"安心立命

　　从习近平主席在峰会多个场合的发言以及峰会联合公报和成果清单中，可以提取五个与"丝路"有关的概念，进而洞见习近平主席为"一带一路"倡议搭建的完整框架体系。

　　第一个概念是"丝路人"，丰富"一带一路"的共建认同。习近平主席在峰会开幕式演讲中说："一代又一代'丝路人'架起了东西方合作的纽带、和平的桥梁。""一带一路"的认同问题，即凡是坚持"共商、共建、共享"原则的，推进和从事"一带一路"建设的，都是志同道合的"丝路人"。早在"一带一路"建设初期，就有学者使用"一带一路人""丝路新使者""丝路新通使"等相关概念，"丝路人"是对过去各种参与者称谓的总界定。"一带一路"是个大概念，需要有具体的行为体来执行，"丝路人"建立了"一带一路"参与者的认同，解决的是"我是谁"的问题。但国内外对这个关键概念的意义认知还不足，原因是相关宣传报道、专家解读、舆论评论等比较少。

第二个概念是"丝路伟业"，确立"一带一路"的共建目标。习近平主席在峰会开幕式演讲中强调，"一带一路"建设是伟大的事业，需要伟大的实践，并确立了"和平、繁荣、开放、创新、文明"五大目标（以下简称"五路"）。"丝路伟业"由此而来。"一带一路"建设目标的表述不断发展变化。2015年3月28日发布的《推动共建丝绸之路经济带和21世纪海上丝绸之路的愿景与行动》文件对共建"一带一路"的目标提得比较偏向于经济发展：旨在促进经济要素有序自由流动、资源高效配置和市场深度融合，推动沿线各国实现经济政策协调，开展更大范围、更高水平、更深层次的区域合作，共同打造开放、包容、均衡、普惠的区域经济合作架构。2016年8月17日，习近平主席在推进"一带一路"建设工作座谈会上提出打造"绿色、健康、智力、和平"的"一带一路"，反映了"一带一路"建设在推进三年后，目标设定更加立体综合，既包括了之前的目标又有所发展。而"五路"目标不仅包含之前的目标并加以提升抽象，而且与"人类命运共同体"的建设要求更趋一致契合。

第三个概念是"丝路大动脉"，促进"一带一路"的共建内容。习近平主席在峰会演讲中称："在这条大动脉上，资金、技术、人员等生产要素自由流动，商品、资源、成果等实现共享。""一带一路"的核心内容是促进基础设施建设和互联互通，对接各国政策和发展战略，深化务实合作，促进协调联动发展，实现共同繁荣。打通大动脉需要加强"一带一路"的"五通"建设，峰会上习近平主席以"五通"为基本框架，总结了"一带一路"四年来的收获，提出了长远建设的具体建议。联合公报和成果清单也以"五通"为主要内容。

第四个概念是"丝路精神"，塑造"一带一路"共同价值观。习近平主席早在2013年秋在哈萨克斯坦提出建立"丝绸之路经济带"时就相应地提出了"丝路精神"。习近平主席在峰会演讲中再次强调："我们完全可以从古丝绸之路中汲取智慧和力量，本着和平合作、开放包容、互学互鉴、互利共赢的丝路精神推进合作，共同开辟更加光明的前景。"峰会的联合公报也确立了"丝路精神"的地位。从历史经验中总结出来的"丝路精神"，并非中国一国之软实力或价值观，实际上是"一带一路"的共同价值观、共同软实力，易于广泛接受并形成文明互鉴。这在很大程度上解决了中国在崛起过程中遇到的共同价值观问题。

第五个概念是"丝路新机制"，展开"一带一路"共同推进机制。习近平主席在峰会演讲中说，"中国将在2019年举办第二届'一带一路'国际合作高峰论坛"，这表明，峰会有可能会每两年举行一次，发挥"一带一路"国际合作机制的作用。在此期间，各方将积极展开峰会后续联络机制，落实联合公报和成果清单，比如成立"一带一路"财经发展研究中心、"一带一路"建设促进中心，同多边开发银行共同设立多边开发融资合作中心，同国际货币基金组织合作建立能力建设中心，建设"一带一路"沿线民间组织合作网络，打造新闻合作联盟、音乐教育联盟以及其他人文合作新平台等。

习近平主席用这五个概念完整勾画了"一带一路"建设的图景，其本质是为"一带一路"安心立命，"丝路人"在"丝路精神"的指引下，打通"丝路大动脉"，通过"丝路新机制"推进"丝路伟业"，有利于各方在"一带一路"建设的整体图景中，把握自身定位，坚定信心，设立目标，合理嵌入，积极推进。从目前的舆论反应看，国内外对"丝路人"的认知还不够，需要加强和引导；对"丝路伟业"及其"五路"目标的认知要强于"丝路人"，需要完善"五路"的评估体系；对"丝路大动脉"及其"五通"主要内容的认知最多，需要各部门在进行设计时参照落实；对"丝路精神"认知要多于"丝路人"，但对其"一带一路"共同价值观的认知尚未觉醒，需要进一步明确；对"丝路新机制"的认知很多，多个部门有意识地将工作与后续机制贴靠，筹谋2019年第二届峰会，但仍需要进一步协调"一带一路"建设的内外融通。

二、促"一带一路"融通内外

"一带一路"建设的本质是内外联动的发展战略，其实质是统筹内外两个大局。峰会通过"一带一路"建设将中国发展与世界发展相互融通，促进"人类命运共同体"建设，具体表现为五个由低到高的层次。

第一个内外融通层次：从中国倡议到国际共识。中国倡议是中国单方面提出建议，国际共识是国际社会普遍认可。习近平主席在峰会演讲中称："四年来，全球 100 多个国家和国际组织积极支持和参与'一带一路'建设，联合国大会、联合国安理会等重要决议也纳入'一带一路'建设内容。""一带一路"从中国倡议到国际共识经历了三部曲：一部曲是 2013 年秋习近平主席提出"一带一路"倡议；二部曲是 2015 年 3 月 28 日，国家发展改革委、外交部、商务部联合发布《推动共建丝绸之路经济带和 21 世纪海上丝绸之路的愿景与行动》；三部曲是峰会以联合公报形式确定"一带一路"倡议成为国际广泛共识。期间，推进"一带一路"建设成为中国统筹内外两个大局的总抓手，共识范围不断扩大，程度不断加深。

第二个内外融通层次：从中国担当到国际责任。中国担当是中国敢于分担和引领解决世界性难题，国际责任是指中国要履行国际承诺和国际义务。习近平主席在峰会演讲中称："我们正处在一个挑战频发的世界。世界经济增长需要新动力，发展需要更加普惠平衡，贫富差距鸿沟有待弥合。地区热点持续动荡，恐怖主义蔓延肆虐。和平赤字、发展赤字、治理赤字，是摆在全人类面前的严峻挑战。这是我一直思考的问题。""一带一路"作为中国担当的体现，在成为国际共识后，就转变为国际责任和国际义务了。换言之，"一带一路"是中国解决"和平赤字、发展赤字、治理赤字"的主路径，这既符合中国崛起过程中对外战略升级的自身期许，也符合国际社会尤其是发展中国家对中国升级的期待。因此，峰会联合公报称，将重点推动"五通"，"根据各国法律法规和相关国际义务"，采取切实行动。

　　第三个内外融通层次：从中国推动到国际共建。 中国推动是中国发挥主导作用，国际共建是各方合力共建。峰会联合公报称："我们欢迎各国积极开展双边、三方、区域和多边合作，消除贫困，创造就业，应对国际金融危机影响，促进可持续发展，推进市场化产业转型，实现经济多元化发展。我们高兴地注意到，各国发展战略和互联互通合作倡议层出不穷，为加强国际合作提供了广阔空间。"只靠中国出资金、出技术，以"包办"的方式推进"一带一路"建设是不可能的；应以"众筹"的方式建设"一带一路"，获得越来越多的理解与支持。比如，俄罗斯总统普京在峰会上表示，希望中国能利用北极航道，把北极航道同"一带一路"连接起来。2017 年 6 月，习近平主席在参加上海合作组织成员国元首理事会时积极回应，中俄要开展北极航道合作，共同打造"冰上丝绸之路"。

　　第四个内外融通层次：从中国标准到国际规则。 中国标准是中国产生和推动的标准体系，国际规则是各方共同遵守的规则体系。峰会联合公报称：通过借鉴相关国际标准、必要时统一规则体制和技术标准等手段，实现基础设施规划和建设协同效应最大化。在"一带一路"建设初期，中国倡导中国技术、中国资本、中国制造等"走出去"，这有利于强调中国优势，但不利于平等合作。中国标准对世界规则的完善和冲击同步兴起。"一带一路"建设的地区性和国际性表明，相关项目不止一个标准、一套体系。比如说蒙内铁路是中国倡导的标准铁轨，但其他国家的铁路建设就不一定使用该标准。再比如，如果中国和中亚国家以及湄公河流域国家都批准使用国际道路运输联盟的规则，就能扩大国际规则的使用范围。

第五个内外融通层次：从中国道路到国际秩序。中国道路是中国发展崛起的道路和模式，国际秩序是各国在发展过程中战略互动而形成的秩序。习近平主席在峰会演讲中称："我们欢迎各国结合自身国情，积极发展开放型经济，参与全球治理和公共产品供给，携手构建广泛的利益共同体。""一带一路"建设联动中国道路与国际秩序良性发展。十八大以来，中国统筹内外两个大局有新的进展：既全面深化改革，提高国内治理能力；又积极实施中国特色大国外交，引领全球治理改革。"一带一路"倡议所涉领域广、时间跨度大、问题复杂、复合型风险高，需要综合应对国内外经济、安全、社会、人口、宗教、文化、生态、地理等诸多因素，直接或间接影响国际秩序塑造，这是"一带一路"建设更深刻的时代本质。

通过这五个"一带一路"内外融通层次，形成中国与世界的对接融通。从中国倡议到国际共识方面最成功，但仍需要进一步增信释疑，扩大"朋友圈"，降低竞争性和风险性，争取化敌为友。从中国担当到国际责任的意识正在兴起，预计"一带一路"担当论、"一带一路"责任论将会兴起，需要中国多从承诺、责任、义务等角度推进"一带一路"建设。从中国推动到国际共建方面推进速度最快，基本摆脱"一带一路"中国"唱独角戏"的错误认知，一批阶段性的成功项目可资借鉴。从中国标准到国际规则方面的进步最快，在强调中国标准的同时，越来越重视不同标准的对接融通。从中国道路到国际秩序方面的进展被广泛关注，中国需进一步明确，"一带一路"不是中国道路的简单翻版或经济殖民主义，而是共同发展的方式，是中国元素结合"一带一路"国家的实际情况以有利于全球治理的方式，是实现共同发展、克服地缘政治冲突、优化国际秩序构建的方式。

三、助"一带一路"行稳致远

习近平主席在峰会上指出，雁栖湖"也是一个开启合作征程的地方"。"'一带一路'就像一对腾飞的翅膀。让我们以雁栖湖为新的起点，张开双翼，一起飞向辽阔的蓝天，飞向和平、发展、合作、共赢的远方！""我们要乘势而上、顺势而为，推动'一带一路'建设行稳致远，迈向更加美好的未来。"2017年6月16日，张高丽副总理在推进"一带一路"建设工作会议中指出：习近平总书记在首届"一带一路"国际合作高峰论坛期间发表的重要讲话，就推进"一带一路"建设做了全面、系统、深刻的阐释，为深入推进"一带一路"建设指明了方向。各地区各部门要认真学习领会，准确把握"一带一路"建设的丰富内涵，继承和弘扬"丝路精神"，推进"一带一路"建设取得新的更大进展。张高丽副总理还围绕"一带一路"的"五路""五通"做了具体部署。

"一带一路"的行稳致远，各方借势发展、合力共建，可遵循以下五条路径：

第一，长期推进。在"一带一路"建设初期，国内外争论的焦点之一，是"一带一路"建设是权宜之计，还是长期战略？经过四年的发展，国内外普遍认同"一带一路"是个长期发展战略。习近平主席在峰会上称，"丝绸之路"延续千年，"一带一路"

是"世纪工程"。中国具有长期推进"一带一路"的国力基础，现已完成顶层设计以及分领域、分部门的指导意见、战略规划、行动方案等。以"一带一路"解决诸如国家发展转型、生态环境治理、基础设施建设、区域国别研究、国际人才培养、风险预防管控等问题，都是长期过程。峰会后，"一带一路"的推进预计主要遵循两条路径，即峰会后续联络机制和党的十九大。这两条路径均会以"一带一路"的长期推进为导向，保障政策的稳定性、可预见性。

第二，内外协调。"一带一路"已超越发展合作的传统范畴，上升到治国理政与全球治理的高度，是内外两个大局的对接。"一带一路"虽然与京津冀一体化、长江经济带建设并称三大战略，但其与后两者不同之处在于，其实质是内外联通式的发展战略。峰会为"一带一路"建设确立了内外协调的框架和发展方向：一方面是对外合作向全球延展扩散，国际上一些不在"一带一路"沿线的国家和地区，也积极融入"一带一路"建设，比如拉美和非洲。另一方面是对内发展也形成扩展联动之势，国内一些不太接近"一带一路"沿线的省/自治区/直辖市（以下简称"省区市"）纷纷借势"一带一路"发展。国家发展改革委主任何立峰在参加地方推进"一带一路"建设工作会议时强调："要注重统筹兼顾，将西部开发、东北振兴、中部崛起、东部率先有机融入推进'一带一路'建设中。"

第三，利益普惠。"一带一路"必然涉及谁参与、谁受益、投入与收益的问题。"一带一路"倡议来自中国，但成效惠及世界。习近平主席在峰会上指出："推进'一带一路'建设，要聚焦发展这个根本性问题，释放各国发展潜力，实现经济大融合、发展大联动、成果大共享。""一带一路"是开放的，中国需要掌握和运用国际上通行的"多利益相关方"模式，尽量让国内外相关的利益方共同受益，实现与国内外对接式、捆绑式的发展。从全球产业链、价值链和供应链的角度看，"一带一路"也需要促进链条各环节的受益。过去四年，"一带一路"促进了沿线的整体收益，"五通"都有不同程度的提升，多个地缘经济板块联动加强，但也出现利益不均衡，甚至是利益冲突和风险加大的情况。峰会之后，"一带一路"普惠化的发展路径：一是更加注意与美国、日本等利益相关方的政策协调，最大限度降低风险和竞争。当前，美国与日本均有意参与"一带一路"合作。二是按经济规律办事，中国要投资互联互通，需要创造更高附加值，优化和提升沿线国家和地区在产业网和全球产业链中的位置。三是发挥更多民间力量，在项目规划和设计上，惠及更多国内外民众。

第四，守正创新。"守正"是指坚持过去有效而正确的方法，如坚守全球化，借助国际和地区组织等；"创新"则是创造新的合作形式和机制，弥补旧有机制之不足。"一带一路"本身就是个创新，也包括亚洲基础设施投资银行、丝路基金、中欧班列等。峰会上提出四个"对接"——战略对接、规划对接、机制对接、项目对接。这是四年来推进机制的一次集成创新。峰会之前，中国推进"一带一路"的创新，主要体现为寻求与不同国家和地区发展战略对接，与各种地区和国际合作组织、机制探索共建，不断摸索创新"一带一路"国际合作机制。峰会之后，中国在"一带一路"建设中守正创新的任务更加吃重，其根本在于实现增长的创新。"一带一路"主张打通陆海战略通道，通过实体项目的实施，推进区域基础设施、基础产业和基础市场的形成，促进广泛的互联互通，推进贸易投资自由化和便利化，共同形成有利于共同发展的贸易投资乃至人员、信息和资金移动的新规则。只有这样，才有可能从根本上缩小经济发展差距，纠正世界经济发展不平衡，形成"后危机时代"全新的国际经济合作新思维，确立符合世界经济发展多样性的合作新范式。

第五，科学评估。对"一带一路"进行科学评估至关重要。"一带一路"的研究评估与实践相伴相生，是中国学者学术兴趣与国家战略的契合，但仍难满足政策实践对智力支持的刚性需求。表现为：研究兴趣大，资料来源少；政策解释多，理论剖析少；文献研究多，实证研究少；情况介绍多，项目设计少；政策需求大，适用建议少。峰会将带动"一带一路"研究走向"厚、重、长、大、新"的新阶段：厚在学术性，重在权威性，长在战略性，大在全局性，新在创新性。推进"一带一路"的整体科学研判，一是加强"一带一路"的跨学科研究，产、学、研（产业、学术、科研）的结合；二是建立完整的科学研究和评估体系，加强风险评估、专业化评估、整体性评估、动态演进的评估；三是重点推进大数据应用以及国际合作研究。

在后峰会时代，"一带一路"的"五通"政策更显重要。"五通"作为"一带一路"建设的政策框架和主要内容，将为"一带一路"安心立命、融通内外、行稳致远。

上篇

『一带一路』五通指数解读

第二章

"一带一路"沿线国家 五通指数研究报告*

王继民　程瑛　山旭　吴亚平　王若佳　聂磊

一、研究背景

2015 年 3 月 28 日，国家发展改革委、外交部、商务部联合发布《推动共建丝绸之路经济带和 21 世纪海上丝绸之路的愿景与行动》顶层规划，"一带一路"进入建设高潮期，至今已近三年。

随着"一带一路"国际合作高峰论坛于 2017 年 5 月在北京举行，"丝绸之路经济带"和"21 世纪海上丝绸之路"的发展有望进入新阶段。

如习近平主席所说，互联互通是"一带一路"的血脉经络。中国提出"一带一路"倡议，其内涵之一就是打造现代版的互联

　*本文得到国家社科基金"一带一路沿线国家互联互通水平综合评价研究"（项目编号：16BTQ057）的支持。在研究过程中，翟崑、陈艺元、褚浩、胡波、曾兰馨、赵常煜、赵怡然、油梦圆等给予了多方面的指导、支持与帮助，在此一并致谢。

　［作者简介］王继民，教授，博士生导师，北京大学信息管理系副系主任，北京大学海洋研究院海洋信息研究中心主任；程瑛，新华社高级编辑，瞭望智库副总裁；山旭，瞭望智库常务副主编；吴亚平，北京大学助理馆员；王若佳，北京大学博士研究生；聂磊，北京大学博士研究生。

互通：通过实现全方位的互联互通，将欧亚大陆两端，即发达的欧洲经济圈和活跃的东亚经济圈更加紧密地联系起来，并且带动欧亚大陆广大腹地区域的发展，进而辐射到亚洲、欧洲、非洲，促进形成统一的欧亚大市场，共同打造开放、包容、均衡、普惠的区域经济总体架构，从根本上提升世界贸易体系的自由活力。

互联互通的建设和发展，具体被分解为政策沟通、设施联通、贸易畅通、资金融通、民心相通五个主要方面，即"五通"。

而自"一带一路"建设启动以来，虽然各方面均有快速进展，但对于整体互联互通情况——也即"五通"的情况缺乏足够全面、客观、科学的评估，其中既包括对现况的认识，也包括历时的比较。

本书是北京大学"一带一路"五通指数研究课题组 2016 年发布的《"一带一路"沿线国家五通指数报告》（经济日报出版社，2016 年，以下简称《五通（2016）》）的延续研究。该指数自发布以来得到广泛关注，为相关研究和决策提供了重要的数据支撑。与此同时，随着"一带一路"倡议的稳步推进，我国与沿线国家和地区的互联互通情况不断发生变化。一方面，前期研究已覆盖的测算内容正不断发展变化，需要持续跟踪测算；另一方面，一些新现象、新问题也要求相关研究随之调整覆盖范围。因此，《五通（2016）》发布后，课题组开展了一系列跟踪研究，针对截至2016 年 12 月 31 日期间各国的"五通"发展情况，形成了《"一带一路"互联互通评价报告（2017）》等成果。

为进一步提高五通指数的系统性和实效性，课题组根据国内政策、国际形势等要素的发展变化，结合前期研究成果和相关领域专家意见，对五通指数的指标体系进行了动态调整，并汇聚"一带一路"沿线 63 个国家（除巴勒斯坦）、76 个子项目的数据完成了新一期五通指数测算，进而形成以多行业、多领域数据为基础的《"一带一路"沿线国家五通指数报告（2017）》。

二、评价体系与测算方法

（一）评价体系的构建

本报告的核心是从"五通"的视角构建综合反映"一带一路"沿线国家互联互通发展水平的评价指标体系。课题组以加强体现互联互通、合并相似的指标、淘汰区分度小的指标、用直接指标替换间接指标等为指导思想，在《五通（2016）》指标体系的基础上，根据科学性、可行性、可持续性、绝对指标与相对指标相结合等原则开展了修订工作。经过多轮实际测算和专家评议，最终确定了共包括 5 个一级指标、15 个二级指标、45 个三级指标的指标体系。

表 1 "一带一路"沿线国家五通指数指标体系（2017）

一级指标	二级指标	三级指标
A 政策沟通	A1 政治互信	A11 高层交流频繁度
		A12 伙伴关系
		A13 政策沟通效度
	A2 合作机制	A21 驻中国使领馆数
		A22 双边重要文件数
		A23 双边共建合作机制数
	A3 政治环境	A31 政治稳定性
		A32 政府公信力
		A33 法律有效性

（续表）

一级指标	二级指标	三级指标
B 设施联通	B1 交通设施	B11 整体基础设施质量
		B12 交通设施联通度
	B2 通信设施	B21 互联网设施发展水平
		B22 国际漫游费用
		B23 互联网普及率
	B3 能源设施	B31 石油输送力
		B32 天然气输送力
		B33 电力输送力
C 贸易畅通	C1 畅通程度	C11 贸易壁垒
		C12 贸易条件指数
		C13 双边贸易额
	C2 投资水平	C21 协定签署
		C22 中国对该国直接投资流量
		C23 该国对中国直接投资流量
	C3 产能合作	C31 对外工程合作
		C32 对外劳务合作
		C33 商业管制
		C34 劳动市场管制
D 资金融通	D1 金融合作	D11 货币互换合作
		D12 金融监管合作
		D13 投资银行合作
		D14 商业银行合作
	D2 信贷体系	D21 信贷便利度
		D22 信用市场规范度
	D3 金融环境	D31 总储备量
		D32 公共债务规模
		D33 货币稳健性

（续表）

一级指标	二级指标	三级指标
E 民心相通	E1 旅游活动	E11 旅游目的地热度
		E12 来华旅游人数
		E13 旅游签证情况
	E2 科教交流	E21 科研合作
		E22 汉语学院建设
		E23 科技合作平台
	E3 民间往来	E31 文化交流活动
		E32 友好城市数量
		E33 民众好感度

（二）测算方法

1. 数据源与数据预处理方法

本报告数据主要来源：（1）世界银行、国际货币基金组织、Web of Science 数据库、国家统计局、外交部、商务部、财政部、证监会、中国人民银行等；（2）国内外权威研究报告或年鉴，如《中国海关统计年鉴》《中国贸易外经统计年鉴》《全球营商环境报告》等；（3）部分数据通过大数据技术与方法分析相关互联网数据得到。所用数据源具有权威、可靠、客观、统计口径一致的特征。

数据预处理是对数据进行分析与挖掘的前提，所使用的主要方法有数据的清理、集成、空缺值填充、选择、变换、归约等。对正向指标主要采用最小—最大规范化、极大值规范化等方法，对负向指标主要采用非线性规范化方法。

最小—最大规范化方法将原始的数据进行线性变换，使其映射到某一个新的区间中，如 [0,1]、[0.3,1]、[a,b]（a<b）等。具体计算方法如公式（1）所示。公式（1）将该指标数据集中的所有数据映射到区间 [a,b]（a<b）内。

$$X_{ij}' = \frac{X_{ij}-X_{min}}{X_{max}-X_{min}}(b-a)+a \qquad （1）$$

极大值规范化方法用原始数据除以该数据列的极大值，具体计算方法如公式（2）所示。公式（2）将该指标数据集中的所有数据映射为最大值为 1 而最小值未知的数据列。

$$X_{ij}' = \frac{X_{ij}}{X_{max}} \qquad （2）$$

常见的适用于负向指标的一种非线性规范化方法是用该数据列的极小值除以原始数据，具体计算方法如公式（3）所示。公式（3）将该指标数据集中的所有数据映射为最大值为 1 而最小值未知的数据列。

$$X_{ij}' = \frac{X_{min}}{X_{ij}} \qquad （3）$$

名次序数的标准化采用名次序数百分比化方法，即将数据对象的名次序数转化为在百分比内的相对位置，是将逆向定性指标转化为正向定量指标的一种方法。具体计算方法是：先对数据对象排列名次，得到名次序数，然后利用公式（4）计算名次百分比。

$$X_{ij}' = 100 - \frac{100}{n} \times (X_{ij} - 0.5) \qquad （4）$$

X_{ij} 表示数据对象的名次，n 表示数据对象的数量。用（$X_{ij} - 0.5$）处理可以避免出现最后一名的名次百分比为 0 的情况。不同名次均匀地分布在百分比内，名次越高，百分比越大。

聚类分析是对数据对象进行划分的一种过程，它将数据对象分成多个类或簇，使得在同一类或簇中的个体具有较高的相似度，而不同类或簇中的个体差别较大。本报告综合使用了 K-means 和层次聚类方法。

2. 指标赋权与结果综合方法

指标体系总分为 100.00 分，5 个一级指标权重分配比重为 1∶1∶1∶1∶1，即各占 20.00 分。二级和三级指标的权值使用主客观赋权方法分配。

综合评价模型可把评价对象的多个指标的取值合成一个综合数值。本报告采用加法综合评价模型，即对各指标的评价值进行加权算数平均，求综合评价值，具体如公式（5）所示。

$$R_i = \sum r_j \times w_j \tag{5}$$

其中，R_i 为第 i 个国家的综合得分，w_j 为第 j 个指标的权重，r_j 为第 j 个指标的得分，是经过数据规范化处理后的某一评价指标的具体取值。我们对指标体系中各指标的具体取值做了指标的正向化转化，综合评价值越高，其互联互通程度越好。

（三）测算对象

本报告测算"一带一路"沿线 64 个国家的互联互通水平，因巴勒斯坦多项数据缺失，最终实际测算 63 个国家。"一带一路"沿线 64 个国家的区域分布如表 2 所示。

表 2 "一带一路"沿线 64 个国家的区域分布

所属区域	国家数量	国家
东南亚	11	新加坡、印度尼西亚、马来西亚、泰国、越南、菲律宾、柬埔寨、缅甸、老挝、文莱、东帝汶
南亚	8	印度、巴基斯坦、斯里兰卡、孟加拉国、尼泊尔、马尔代夫、不丹、阿富汗

（续表）

所属区域	国家数量	国家
西亚北非	16	阿联酋、科威特、土耳其、卡塔尔、阿曼、黎巴嫩、沙特阿拉伯、巴林、以色列、也门、埃及、伊朗、约旦、叙利亚、伊拉克、巴勒斯坦
中东欧	16	波兰、阿尔巴尼亚、爱沙尼亚、立陶宛、斯洛文尼亚、保加利亚、捷克、匈牙利、马其顿、塞尔维亚、罗马尼亚、斯洛伐克、克罗地亚、拉脱维亚、波黑、黑山
中亚与蒙古国	6	哈萨克斯坦、吉尔吉斯斯坦、土库曼斯坦、塔吉克斯坦、乌兹别克斯坦、蒙古国
俄罗斯及周边	7	俄罗斯、白俄罗斯、乌克兰、亚美尼亚、格鲁吉亚、阿塞拜疆、摩尔多瓦

三、测算结果的划分

课题组将"一带一路"沿线国家互联互通的发展现状划分为四种类型：顺畅型，70.00—100.00 分（含 70.00 分）；良好型，50.00—70.00 分（含 50.00 分）；潜力型，30.00—50.00 分（含 30.00 分）；薄弱型，30.00 分以下。各类型所包含的国家如表 3 所示。

根据测算结果，"一带一路"互联互通总体水平从 2015 年的"潜力型"提升至"良好型"，说明 2016 年"一带一路"取得了显著成效。

具体来看，"顺畅型"国家 5 个，占比 7.9%，数量与 2015 年持平且国家未发生变化；"良好型"国家 34 个，占比 54.0%，数量几乎达到 2015 年（18 个）的两倍；"潜力型"国家 21 个，占比 33.3%，较 2015 年（31 个）大幅减少；"薄弱型"国家 3 个，占比 4.8%，仅为 2015 年（9 个）的三分之一。

表3 "一带一路"沿线国家五通指数排名及得分^①

类型	排名	国家	政策沟通	设施联通	贸易畅通	资金融通	民心相通	总分	2015年排名	排名变动
顺畅型	1	俄罗斯	16.85	16.68	13.25	15.73	17.88	80.39	1	—
	2	新加坡	13.67	14.83	18.53	17.80	14.36	79.19	3	+1 ↑
	3	马来西亚	15.29	15.13	15.79	16.07	14.95	77.24	2	−1 ↓
	4	阿联酋	12.83	16.30	15.82	15.44	12.64	73.03	4	—
	5	哈萨克斯坦	16.11	14.15	12.00	15.79	12.92	70.96	5	—
良好型	6	泰国	13.46	10.31	13.09	15.04	16.67	68.57	6	—
	7	卡塔尔	11.56	14.95	13.33	14.79	8.85	63.48	7	—
	8	波兰	11.59	11.84	11.99	14.10	13.56	63.08	15	+7 ↑
	9	印度尼西亚	10.94	10.50	12.95	15.14	13.37	62.90	9	—
	10	匈牙利	13.63	10.93	9.82	14.39	13.99	62.76	8	−2 ↓
	11	巴基斯坦	16.14	9.07	9.62	12.01	14.87	61.72	11	—
	12	越南	12.39	13.53	10.88	12.85	11.92	61.57	10	−2 ↓
	13	蒙古国	12.95	10.35	11.80	12.24	14.04	61.38	12	−1 ↓
	14	柬埔寨	14.87	9.28	10.14	14.25	12.66	61.19	14	—
	15	以色列	10.92	11.87	10.78	14.08	13.40	61.05	18	+3 ↑
	16	捷克	12.57	14.79	10.77	12.99	9.27	60.39	19	+3 ↑
	17	沙特阿拉伯	11.59	11.03	14.70	12.71	8.90	58.94	13	−4 ↓
	18	土耳其	8.01	12.27	11.97	14.23	11.24	57.72	16	−2 ↓
	19	菲律宾	10.96	7.96	12.16	13.25	12.92	57.24	17	−2 ↓
	20	科威特	11.30	12.33	11.23	13.75	7.85	56.47	20	—
	21	白俄罗斯	14.00	10.14	7.38	9.42	15.01	55.95	22	+1 ↑
	22	塔吉克斯坦	14.07	9.30	8.46	11.72	11.03	54.58	30	+8 ↑

① 全书五通指数所有数据因保留两位小数,存有因位数导致的误差。某项指标两国得分相同时,按音序排列。

（续表）

类型	排名	国家	政策沟通	设施联通	贸易畅通	资金融通	民心相通	总分	2015年排名	排名变动
良好型	23	老挝	14.65	7.67	9.57	9.02	13.28	54.19	28	+5 ↑
	24	罗马尼亚	11.78	9.55	9.71	11.23	11.88	54.14	21	−3 ↓
	25	格鲁吉亚	9.38	9.46	11.32	11.23	12.57	53.96	24	−1 ↓
	26	斯里兰卡	11.69	9.88	9.99	9.26	13.00	53.82	23	−3 ↓
	27	印度	7.39	10.86	12.17	11.84	11.46	53.73	27	——
	28	斯洛伐克	10.07	13.72	9.78	9.27	10.56	53.40	34	+6 ↑
	29	乌兹别克斯坦	13.19	11.23	9.54	8.36	11.05	53.36	25	−4 ↓
	30	塞尔维亚	13.47	9.10	8.96	8.42	13.01	52.97	33	+3 ↑
	31	阿塞拜疆	11.10	12.33	8.97	8.66	11.54	52.60	26	−5 ↓
	32	阿曼	11.55	13.02	12.16	10.12	5.61	52.47	39	+7 ↑
	33	吉尔吉斯斯坦	12.06	8.73	10.60	9.31	11.58	52.29	36	+3 ↑
	34	埃及	11.81	10.10	9.73	7.11	13.46	52.21	29	−5 ↓
	35	保加利亚	10.78	9.96	9.48	10.40	11.07	51.69	38	+3 ↑
	36	文莱	9.67	11.91	10.90	10.72	7.90	51.09	35	−1 ↓
	37	巴林	10.34	12.12	8.45	10.69	9.20	50.81	31	−6 ↓
	38	伊朗	11.38	10.17	10.07	6.48	12.27	50.36	32	−6 ↓
	39	爱沙尼亚	10.83	11.96	8.55	10.19	8.56	50.09	40	+1 ↑
潜力型	40	立陶宛	9.77	11.35	9.68	11.13	7.78	49.70	45	+5 ↑
	41	拉脱维亚	9.97	11.65	8.88	9.64	9.04	49.18	43	+2 ↑
	42	乌克兰	7.95	8.90	7.69	10.74	13.31	48.59	37	−5 ↓
	43	亚美尼亚	10.42	9.14	8.52	11.36	9.14	48.57	46	+3 ↑
	44	孟加拉国	11.27	8.15	8.76	7.99	12.23	48.40	41	−3 ↓
	45	缅甸	9.94	10.46	9.58	6.81	10.70	47.48	42	−3 ↓
	46	马其顿	9.47	9.37	9.24	9.75	8.98	46.81	48	+2 ↑
	47	克罗地亚	9.67	10.84	8.33	7.86	9.77	46.46	49	+2 ↑
	48	约旦	11.74	8.55	9.72	5.89	9.62	45.53	47	−1 ↓
	49	尼泊尔	10.37	5.88	7.92	9.59	11.62	45.39	50	+1 ↑

（续表）

类型	排名	国家	政策沟通	设施联通	贸易畅通	资金融通	民心相通	总分	2015年排名	排名变动
潜力型	50	斯洛文尼亚	10.40	11.61	7.96	5.01	10.07	45.04	51	+1 ↑
	51	阿尔巴尼亚	9.83	9.14	8.21	9.73	7.47	44.38	54	+3 ↑
	52	土库曼斯坦	11.85	7.72	8.96	6.43	9.06	44.02	44	−8 ↓
	53	黑山	9.59	9.23	6.55	8.27	9.04	42.69	52	−1 ↓
	54	黎巴嫩	8.52	8.69	7.92	5.54	9.60	40.27	53	−1 ↓
	55	波黑	9.29	7.47	7.89	8.66	6.84	40.15	56	+1 ↑
	56	摩尔多瓦	8.51	8.54	5.41	8.94	8.41	39.81	55	−1 ↓
	57	马尔代夫	7.77	10.15	3.91	5.75	9.30	36.88	58	+1 ↑
	58	伊拉克	7.10	7.57	8.89	5.36	7.27	36.18	57	−1 ↓
	59	叙利亚	6.94	6.64	7.93	3.82	8.66	33.99	59	—
	60	阿富汗	7.16	5.96	5.85	7.81	6.16	32.94	61	+1 ↑
薄弱型	61	东帝汶	7.14	5.53	5.87	6.55	4.57	29.66	62	+1 ↑
	62	也门	4.70	8.14	6.74	3.86	5.71	29.15	60	−2 ↓
	63	不丹	4.71	6.62	5.83	6.46	3.26	26.87	63	—

四、分析

（一）"五通"特征分析

"一带一路"建设过程中，代表互联互通主要方面的"五通"相辅相成、密不可分，通过对比"五通"特征能够有效揭示五大领域互联互通情况及内部差异。根据测算结果，"五通"特征分析如下：

五大领域整体发展水平相当，但国别离散程度差异较大。整体发展水平方面，5个一级指标的各国平均得分均在10.00分上下，其中政策沟通（10.97分）和民心相通（10.76分）得分相对较高，贸易畅通（9.88分）得分相对较低，五大领域之间差异不明显。国别离散程度方面，政策沟通、设施联通和贸易畅通各国得分的方差在6.5上下，远小于资金融通（11.1）和民心相通（8.5），说明"五通"并非均衡发展，资金融通和民心相通的国别差异较高。

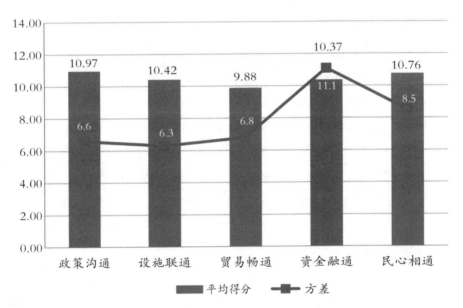

图1　一级指标的平均得分和方差对比

政策沟通与民心相通高度相关，贸易畅通与资金融通密不可分。"五通"之间的 Pearson 相关系数显示，除设施联通与政策沟通、民心相通的相关性相对较低外，其余相关系数均大于0.50，"五通"间的密切关联得到初步验证。具体而言，"五通"间的关系存在三种特征：（1）政策沟通与民心相通高度相关，二者

之间相关系数达到 0.72，而它们与其他三项的相关系数均在 0.50
上下；（2）贸易畅通与资金融通密不可分，二者之间相关系数
达到 0.77，而与其他三项的相关系数均在 0.60 上下；（3）设施
联通与贸易畅通、资金融通的相关性明显高于其与政策沟通和民
心相通的相关性。

表 4　一级指标相互间的 Pearson 相关系数

"五通"	政策沟通	设施联通	贸易畅通	资金融通	民心相通
政策沟通	1.00	0.48	0.53	0.59	0.72
设施联通	0.48	1.00	0.67	0.64	0.36
贸易畅通	0.53	0.67	1.00	0.77	0.51
资金融通	0.59	0.64	0.77	1.00	0.54
民心相通	0.72	0.36	0.51	0.54	1.00

（二）区域特征分析

受地理、历史等因素的影响，我国与不同区域的互联互通水
平发展不均衡，具有一定差异性，通过五通指数区域特征分析能
够对这一差异进行有效评估。

**总体来看，我国与各区域互联互通程度差异显著，周边区域
得分较高。**各区域五通指数平均得分显示，东南亚地区得分最高，
达 59.12 分，其次为中亚与蒙古国（56.10 分）、俄罗斯及周边地
区（54.27 分），以上三者均为我国周边区域。中东欧与西亚北
非的得分较为接近，分别为 50.81 分和 50.78 分，南亚地区得分
相对较低，仅为 44.97 分。由此可见，我国与不同区域间的五通
指数得分的确存在明显差异，与周边区域的互联互通水平较高。

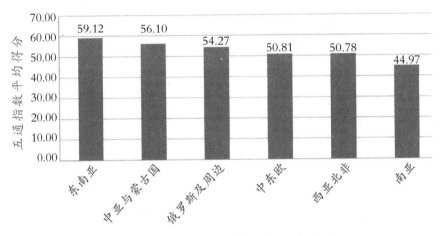

图2　各区域五通指数平均得分对比

从区域内均衡性来看，各区域内离散程度差异较大。俄罗斯及周边地区、西亚北非地区、南亚地区的内部离散程度较高，其中俄罗斯及周边地区表现为俄罗斯得分"一家独大"，西亚北非地区测算对象众多、全距较大，而南亚地区则表现为箱体较长。与此同时，中东欧地区虽然测算对象最多，但其内部离散程度较低，区域内各国与我国的互联互通程度差异较小。

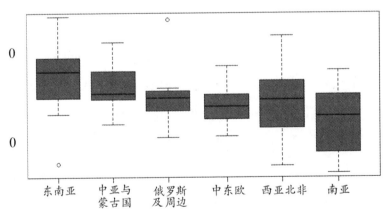

图3　各区域内各国五通指数得分箱线图

从一级指标来看，不同区域"五通"发展各具特色。东南亚地区一级指标得分均大于 10.00 分，其中贸易畅通和资金融通得分在六大区域中排第一，总体上具有明显优势。中亚与蒙古国政策沟通得分优异，在六大区域中排名第一，而贸易畅通、资金融通以及民心相通三项只排在第三。俄罗斯及周边国家在资金融通和民心相通方面表现优秀。中东欧地区各项得分较为均衡，除设施联通排名靠前外，其余均处于中等偏下水平。西亚北非和南亚地区虽整体得分相对较低，但具有一定地缘特色，其中西亚北非地区设施联通和贸易畅通优势明显。

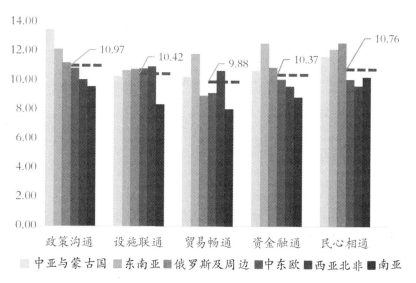

图 4 一级指标区域特征对比

（三）国别特征分析

识别"五通"的国别模式，了解国别差异对于精准推进"一带一路"建设具有重要意义。课题组通过聚类算法得到了五通指数的国别特征。

根据各国 5 个一级指标的得分情况，我们将 63 个"一带一路"国家划分为整体畅通型、经贸畅通型、政民畅通型、整体潜力型、存在短板型和尚待加强型六类。整体畅通型国家的特征是 5 个一级指标得分均较高，五大领域较为均衡，该类国家数量达 11 个，较 2015 年（4 个）有大幅提升，说明"一带一路"建设成果显著。经贸畅通型国家的特征是贸易畅通和资金融通表现优异，政民畅通型国家的特征则是政策沟通和民心相通得分较高，其数量分别为 9 个和 13 个，这两类国家都在特定领域发展较好，为进一步加强互联互通打下了良好基础。整体潜力型国家的特征是 5 个一级指标得分均处于中等水平，无明显短板，后续潜力巨大，此类国家 9 个。值得注意的是，有 13 个国家属于存在短板型，即虽然多数一级指标得分属于中等偏上水平但存在明显弱项，其短板或为后续发展埋下隐患。此外，尚待加强型国家下降至 8 个，较 2015 年（12 个）有明显改善。

表 5 "一带一路"沿线国家五通指数聚类分析

类型	国家数量	国家
整体畅通型	11	阿联酋、波兰、俄罗斯、哈萨克斯坦、马来西亚、蒙古国、泰国、新加坡、以色列、印度尼西亚、越南
经贸畅通型	9	阿曼、菲律宾、格鲁吉亚、捷克、卡塔尔、科威特、沙特阿拉伯、土耳其、印度
政民畅通型	13	埃及、巴基斯坦、白俄罗斯、吉尔吉斯斯坦、柬埔寨、老挝、孟加拉国、塞尔维亚、斯里兰卡、塔吉克斯坦、乌兹别克斯坦、匈牙利、伊朗
整体潜力型	9	阿塞拜疆、爱沙尼亚、巴林、保加利亚、拉脱维亚、罗马尼亚、马其顿、斯洛伐克、亚美尼亚

（续表）

类型	国家数量	国家
存在短板型	13	阿尔巴尼亚、黑山、克罗地亚、黎巴嫩、立陶宛、缅甸、摩尔多瓦、尼泊尔、斯洛文尼亚、土库曼斯坦、文莱、乌克兰、约旦
尚待加强型	8	阿富汗、波黑、不丹、东帝汶、马尔代夫、叙利亚、也门、伊拉克

五、政策建议

以差异化策略逐步实现"五通"均衡发展。这既包括对不同区域的差异化策略，也包括区域内不同国别的差异化政策，以及针对一个国家"五通"不同方面的差异化政策。如在政策沟通方面，对有一定政治互信的国家，加强互利共赢的增量协商，以政治互信进一步带动"五通"全部提升；对一些对"一带一路"倡议有疑虑的国家，先从经贸合作入手，通过贸易畅通、资金融通和民心相通，促进政策沟通；对缺乏政治互信、有现实利益冲突的国家，尽量构建兼容已有合作协议的政府间框架协议，使政策沟通不会影响其他"四通"。

抓住"潜力型"重点、补齐短板。从测算结果看，排名靠前的国家得分是排名靠后国家的三倍以上，"潜力型""薄弱型"国家有24个，超过三分之一，制约了整体互联互通水平的提升。而从"五通"的国别分析看，绝大多数"潜力型"国家都存在明显弱项，导致这些国家互联互通的水平停滞。下一阶段，在继续提升其他类型国家互联互通水平的同时，应集中针对"潜力型"国家的弱项，投入资源、补齐短板，从而使"一带一路"互联互通的整体水平在短期内继续得到快速提升。

　　建立动态评价机制，及时调整政策和策略方式。对比 2015 年年初和 2017 年年初的数据，互联互通建设的挑战已经发生明显变化。而随着"一带一路"倡议的逐步落实和深入，这一变化的幅度和频度或进一步提高。因此，必须利用大数据等现代化手段，建立针对"一带一路"互联互通建设情况的动态评价机制，有效、全面、科学、客观评估互联互通水平及其变动情况，为政府、企业、研究机构提供更为翔实的数据支撑和有针对性的政策建议。

第三章

政策沟通指数报告

王文峰

政策沟通位列"一带一路""五通"之首，是"五通"中最重要的、最具基础意义的一项内容。"一带一路"虽然总体上是一个经济倡议，最终参与其中的必然包括沿线各国政府与民间的各种行为主体，受惠的是沿线各国的社会、民众、企业，但"一带一路"作为中国与沿线各国之间的重大国际合作倡议，其切实推进依然主要依靠沿线各国的政府。各国政府的接受、支持与合作，是"一带一路"取得进展的重要前提条件。中国高度重视与"一带一路"沿线国家的政策沟通，相关报告显示，过去一段时间里，政策沟通效果整体较好。

五通指数指标体系中，"政策沟通"包括政治互信、合作机制和政治环境3个二级指标，其中政治互信指标之下有高层交流频繁度、伙伴关系和政策沟通效度3个三级指标；合作机制指标之下有驻中国使领馆数、双边重要文件数和双边共建合作机制数3个三级指标；政治环境指标之下有政治稳定性、政府公信力和法律有效性3个三级指标。对于政策沟通，指标体系重点强调的

［作者简介］王文峰，博士，中国现代国际关系研究院研究员、博士生导师。

是中国与"一带一路"沿线各国的政治互信，而在政治互信当中则着重关注双方政策沟通的效度。所以，二级指标中，政治互信指标权重为 10，其余两项都为 5。三级指标中，政策互信之下的政策沟通效度权重为 8，远超其他各项三级指标。

一、政策沟通指标的总体分析

表1　"一带一路"沿线国家政策沟通指数[①]

类型	排名	国家	A1 政治互信	A2 合作机制	A3 政治环境	A 政策沟通
顺畅型	1	俄罗斯	9.84	5.00	2.00	16.85
	2	巴基斯坦	10.00	4.62	1.53	16.14
	3	哈萨克斯坦	9.33	3.85	2.94	16.11
	4	马来西亚	7.60	4.23	3.46	15.29
	5	柬埔寨	8.27	4.23	2.37	14.87
	6	老挝	7.24	4.23	3.17	14.65
	7	塔吉克斯坦	7.96	3.46	2.65	14.07
	8	白俄罗斯	9.38	2.50	2.12	14.00
良好型	9	新加坡	5.21	3.46	5.00	13.67
	10	匈牙利	8.44	2.50	2.69	13.63
	11	塞尔维亚	9.23	1.92	2.32	13.47
	12	泰国	6.53	5.00	1.93	13.46
	13	乌兹别克斯坦	7.50	3.85	1.85	13.19
	14	蒙古国	6.58	3.85	2.53	12.95

---

① 依据五通指数"政策沟通"一级指标得分情况，"一带一路"沿线国家可分为四类：顺畅型，14.00—20.00 分（含 14.00 分）；良好型，10.00—14.00 分（含 10.00 分）；潜力型，6.00—10.00 分（含 6.00 分）；薄弱型，6.00 分以下。

（续表）

类型	排名	国家	A1 政治互信	A2 合作机制	A3 政治环境	A 政策沟通
良好型	15	阿联酋	5.76	2.69	4.37	12.83
	16	捷克	6.73	2.88	2.96	12.57
	17	越南	4.64	5.00	2.75	12.39
	18	吉尔吉斯斯坦	6.73	3.46	1.87	12.06
	19	土库曼斯坦	7.34	2.50	2.01	11.85
	20	埃及	6.94	3.08	1.80	11.81
	21	罗马尼亚	7.40	2.88	1.50	11.78
	22	约旦	6.73	2.31	2.70	11.74
	23	斯里兰卡	5.20	3.85	2.64	11.69
	24	波兰	5.79	2.88	2.92	11.59
	25	沙特阿拉伯	5.76	2.69	3.14	11.59
	26	卡塔尔	4.80	2.31	4.45	11.56
	27	阿曼	5.56	2.31	3.69	11.55
	28	伊朗	6.94	2.31	2.13	11.38
	29	科威特	5.92	2.69	2.70	11.30
	30	孟加拉国	7.14	2.69	1.44	11.27
	31	阿塞拜疆	6.22	2.31	2.57	11.10
	32	菲律宾	4.54	4.62	1.81	10.96
	33	印度尼西亚	4.64	3.85	2.45	10.94
	34	以色列	6.12	2.50	2.30	10.92
	35	爱沙尼亚	4.97	2.50	3.35	10.83
	36	保加利亚	6.25	2.12	2.42	10.78
	37	亚美尼亚	5.50	2.50	2.41	10.42
	38	斯洛文尼亚	4.97	2.50	2.92	10.40
	39	尼泊尔	5.10	3.65	1.62	10.37
	40	巴林	5.36	2.31	2.67	10.34
	41	斯洛伐克	5.00	2.50	2.57	10.07

（续表）

类型	排名	国家	A1 政治互信	A2 合作机制	A3 政治环境	A 政策沟通
潜力型	42	拉脱维亚	5.36	2.12	2.50	9.97
	43	缅甸	4.64	3.85	1.45	9.94
	44	阿尔巴尼亚	5.38	1.92	2.53	9.83
	45	立陶宛	4.59	2.12	3.06	9.77
	46	克罗地亚	5.87	1.54	2.27	9.67
	47	文莱	4.39	3.08	2.20	9.67
	48	黑山	5.36	1.54	2.69	9.59
	49	马其顿	5.18	1.92	2.37	9.47
	50	格鲁吉亚	5.41	1.54	2.43	9.38
	51	波黑	5.94	1.54	1.81	9.29
	52	黎巴嫩	4.95	2.12	1.46	8.52
	53	摩尔多瓦	4.89	1.92	1.69	8.51
	54	土耳其	3.78	2.69	1.54	8.01
	55	乌克兰	3.47	2.88	1.59	7.95
	56	马尔代夫	3.87	1.54	2.36	7.77
	57	印度	0.92	3.85	2.63	7.39
	58	阿富汗	3.17	2.69	1.29	7.16
	59	东帝汶	4.19	1.54	1.41	7.14
	60	伊拉克	3.47	2.31	1.32	7.10
	61	叙利亚	3.42	2.12	1.41	6.94
薄弱型	62	不丹	0.10	0.58	4.03	4.71
	63	也门	1.33	2.12	1.25	4.70

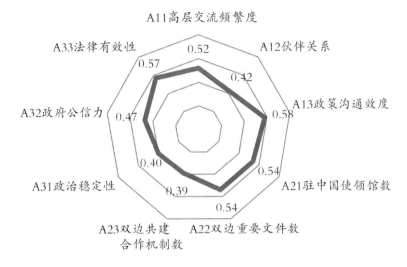

图 1 政策沟通指数雷达图

"一带一路"沿线国家中达到"顺畅型"标准的有俄罗斯、巴基斯坦、哈萨克斯坦、马来西亚、柬埔寨、老挝、塔吉克斯坦和白俄罗斯等 8 个国家。从地理分布看，这些国家中马、柬、老地处东南亚，哈、塔地处中亚，巴基斯坦位于南亚，俄罗斯和白俄罗斯则是欧洲国家。从双边关系看，这些国家都与中国保持良好的政治关系。其中巴基斯坦与中国有着全天候战略合作伙伴关系，是中国的"铁杆朋友"，中巴双方长期存在全面的政治互信，巴基斯坦的政治互信指标得分为 10.00 分。但中巴之间的合作机制稍嫌薄弱，合作机制指标得分为 4.62 分，双方在这方面仍有努力空间。另外巴基斯坦国内政治形势令人难以乐观，政治环境指标得分仅为 1.53 分，这可能成为"一带一路"倡议推进实施过程中的一个问题。总体来看，巴基斯坦的政策沟通指标得分为 16.14 分，排在第二位。政策沟通指标得分最高的国家是俄罗斯，分数达到 16.85 分。中俄两国同为联合国安理会常任理事国、金砖国家成员，是新兴国家的主要代表，在世界政治、安全、经济领域发挥着重要作用。两国建立了全面战略协作伙伴关系，在重大国际和地区议题上有共同利益和需求，保持着高水平协调合作，两国高层领导人互动频繁，有着固定的高层交流机制。中俄两国有很高水平的政治与战略互信，政治互信指标得分为 9.84 分，交流沟通顺畅，合作机制指标得分达到 5.00 分。但普京执掌俄政治最高权力多年，国内政治发展并非一帆风顺，政治环境指标得分较低，仅有 2.00 分。同在这一档次的白俄罗斯和哈萨克斯坦两国在政治互信指标上表现亮眼，分别达到 9.38 分和 9.33 分。2016年 9 月，白俄罗斯总统卢卡申科访华期间，两国发表关于建立相互信任、合作共赢的全面战略伙伴关系的联合声明，习近平主席表示，中白是肝胆相照的好朋友和真诚互助的好伙伴，当前两国交流合作的紧密程度超过历史任何时期，双边关系发展正在迈向更高层次。中国与哈萨克斯坦之间也是全面战略伙伴关系，两国一直在积极推进"丝绸之路经济带"与哈萨克斯坦提出的"光明之路"新经济政策的对接，有很强的合作意愿与动力。至于在这一档次的其他几国，各项指标也都达到相对均衡的较高水平。

达到"良好型"标准的国家较多，数量大约占沿线国家的一半。从地理上看，这些国家分布广泛，分属六大区域。东南亚地区的泰国和越南在合作机制指标上都达到 5.00 分，显示两国与中国间对话合作渠道畅通。新加坡在政治环境指标上也达到满分 5.00 分，表明其国内法制体系完善，政治社会形势稳定，同时中新之间合作交流机制较为成熟；只是双方政治关系存在短板，拉低了新加坡在政策沟通指标上的排名。作为中国的近邻，地处中亚的乌兹别克斯坦、吉尔吉斯斯坦和土库曼斯坦以及蒙古国也在这一档次，相比于第一档次的哈萨克斯坦和塔吉克斯坦，这些国家的政治互信指标得分略低。西亚北非国家中沙特阿拉伯、科威特、巴林、阿曼、约旦、伊朗、以色列和埃及等国情况比较类似，政策沟通各项指标得分相对接近，反映出这些国家在对待"一带一路"倡议的态度、与中国的双边合作水平及国内政治社会环境方面存在明显的共性。多数中东欧国家在这一档次。近年来中国高度重视与中东欧国家发展经贸关系，"16+1 合作"框架下双方交流合作机制化取得重要进展。中国—中东欧国家领导人会晤每年举行。2016 年，习近平主席先后对捷克、塞尔维亚和波兰进行了国事访问，高层互动有力地推动了中国与中东欧国家的政策沟通。

处于"潜力型"的 20 个国家中，中东欧国家的数量较多，且得分基本都达到 9.00 分以上，接近第二档次国家，显示中东欧国家在政策沟通方面整体水平相似。其他得分接近第二档次的国家还有东南亚的缅甸、文莱和俄罗斯的周边国家格鲁吉亚。土耳其作为欧亚交界地带的重要国家，其政策沟通指标得分为 8.01 分，该国与中国的政治互信水平仍显不足，同时国内环境不尽如人意，这些都是其得分较低的原因。国内政治环境较差的黎巴嫩、乌克兰、阿富汗、东帝汶、伊拉克和叙利亚也都在这一档次，中国与这些国家就"一带一路"倡议的推进进行沟通合作存在不少困难。印度作为中国的重要邻国和地区大国、金砖国家成员，与中国有着水平较高的沟通交流渠道，在合作机制指标上得分达到 3.85 分，同时其国内政治环境尚可，指标得分为 2.63 分。但印度的政策沟通指标总体得分仅为 7.39 分，主要是因为其政治互信指标得分仅为 0.92 分，在沿线国家中只略高于同处南亚的不丹。可见中印两个大国之间的增信释疑工作仍需推进。

处于"薄弱型"标准的国家有不丹和也门，两国的政策沟通指标得分分别为 4.71 分和 4.70 分。

二、重点板块分析

从政策沟通指标的总体情况看，六大区域各区域内国家间存在较为明显的共性。针对不同区域，在具体工作中似可有针对性地关注不同问题，采取相应措施。

首先是俄罗斯、白俄罗斯和中亚国家。要考虑到这些国家之间特殊的关系以及俄罗斯主导建立的"欧亚经济联盟"与"一带一路"倡议一定程度上的重合等因素。在影响这些国家政策沟通指数的诸多因素中，中俄关系尤其重要。在国际局势变幻不定、大国关系错综复杂的背景下，中俄关系的发展也不断面临新的形势。可以说，中俄两国间战略关系的稳定与发展、中俄在重大的国际和地区问题上顺畅的沟通、协调与合作，是"一带一路"倡议在上述国家顺利推进的条件和保障。

其次是中东欧国家。整体上看，中东欧国家在"一带一路"倡议中发挥着重要作用，对"一带一路"也基本持开放、合作态度，中国与这些国家在政府层面沟通顺畅。但应当看到，部分中东欧国家民间对中国的态度仍存在令人担忧的因素，由于意识形态上一定程度的偏见，部分当地民众对中国有一定的负面观点。虽然当前这并不足以影响中国与这些国家围绕"一带一路"展开合作，但未来有可能随着一些国家国内政治形势的变化而突出地反映到政策沟通层面上来。对此中国要有所关注，并力争通过自身努力增进相互间理解，强化社会关系纽带，化解相关矛盾。

再次是东南亚国家。过去几年中，由于南海问题上的争端，部分南海周边国家对中国有较强的防范心理，相互间政治互信受到影响。随着南海问题有所缓解，未来的情况有望得到改善，这些国家的政治互信指标得分有上升的可能。

最后是西亚北非国家。西亚北非国家大致可分为两类，一类是黎巴嫩、伊拉克、叙利亚、也门等，其国内动荡难稳，客观地讲，短时间内很难在"一带一路"建设上发挥作用。另一类是海湾六国、埃及、约旦、伊朗、以色列等，这些国家政策沟通指标得分接近，但相互差别颇大。其中既有作为中国老朋友的埃及，也有在当今世界政治中地位独特的伊朗和以色列，还有沙特阿拉伯等富庶的石油出产国。西亚北非地区长期是矛盾冲突多发的热点地区，中国随着综合国力和国际影响力的不断提升，在西亚北非地区存在的问题上取得更大发言权，既与自身地位身份相符，也是利益所需。"一带一路"建设有利于推动中国与西亚北非地区国家间合作的发展，也对中国对西亚北非各国的外交提出了新的要求。

第四章

设施联通指数报告

顾春光

　　基础设施互联互通是我国"一带一路"建设的基础性优先领域，基础设施在"一带一路"建设和发展中起着先导性作用。基础设施互联互通本身不仅对"一带一路"的相关国家有着重要的经济贡献，而且为政策沟通、贸易畅通、资金融通、民心相通提供着强有力的基础性支撑，共同联通世界，融会贯通。因此，运用科学的理论方法制定出对"设施联通"科学、客观、全面的评价、评估指标体系对我国推进"一带一路"倡议全面深度融入世界经济、造福世界的战略目标具有重要的现实意义。

一、建设层面：六大领域建设不断突破

（一）铁路建设

　　铁路是国民经济大动脉，是陆路大能力通道，不仅能够物流保供，解决资源分布不均问题，还能够提供旅客快速出行保障，

　　［作者简介］顾春光，博士，北京大学国际关系学院博士后、讲师，北京大学全球互联互通研究中心研究员。

促进经济发展。目前，我国已规划建设了从西南、西北、东北三个方向出境的六大经济走廊，建设完善了 11 个边境铁路口岸与 7 个内陆口岸，推动了"一带一路"铁路的基本联通，取得了良好的效果。主要边境铁路口岸包括阿拉山口铁路口岸、霍尔果斯铁路口岸、满洲里铁路口岸、二连浩特铁路口岸、河口铁路口岸、凭祥铁路口岸。中欧班列是"一带一路"重要的运输载体。截至 2016 年年底，已开行 8 个种类的中欧班列，包括"渝新欧""蓉欧快铁""郑欧""汉新欧""苏满欧""义新欧""营满欧""湘新欧"等。中欧班列具有安全快捷、绿色环保、受自然环境影响小等综合优势，已成为国际物流中陆路运输的骨干方式，为服务我国对外经贸发展、贯通中欧陆路贸易通道、实现中欧间的道路联通和物流畅通、推进国家"一带一路"建设提供了运力保障。

（二）信息设施建设

当前，各国间信息基础设施互联互通的主要途径和建设重点是骨干网的互联互通，即跨境海缆、跨境光缆建设。客体上主要是各类互联互通的线路节点规划及项目实施，主体上主要是各国通信运营商之间的合作。各运营商国际公司通过租、购、建相结合的方式加快海外传输资源的建设。随着我国与"一带一路"沿线国家的区域、次区域重点合作渠道不断拓宽，合作机制不断完善，合作深度不断加强，大湄公河次区域信息高速公路、上海合作组织信息高速公路、中国—东盟信息港、亚欧信息高速公路、中阿网上丝绸之路、非洲信息高速公路等信息基础设施项目不断推进，逐步发挥作用和影响力。目前，"一带一路"60 多个国家都实现了与国际互联网的连接，与我国互联网可以实现直接或间接的互联互通。

（三）管道建设

近年来，随着国家能源"走出去"战略的实施，我国已初步构建了陆上的西北、东北、西南和海上四大油气进口战略通道大格局。2015年年底，我国建成了西北中哈油气通道、中亚天然气通道、东北中俄原油通道、西南中缅油气通道与东南海上通道；形成了原油通道能力陆上5800万吨/年，海上6亿吨/年；天然气通道能力陆上720亿立方米/年，海上740亿立方米/年。2015年，我国原油进口量为3.35亿吨，其中通过东北通道进口俄罗斯原油1600万吨，通过西北通道进口哈萨克斯坦原油1178万吨，其余约3.1亿吨通过海上通道进口。2016年1—6月，我国原油进口量为1.8653亿吨，同比增加14.18%（主要来源于俄罗斯、沙特阿拉伯、伊拉克、阿曼、伊朗、安哥拉、委内瑞拉、巴西等地）。2015年，我国天然气进口量为620亿立方米，其中通过西北通道进口中亚天然气305亿立方米，通过西南通道进口缅甸天然气约40亿立方米，其余275亿立方米以LNG方式从海上通道进口（主要来源于澳大利亚、卡塔尔、印度尼西亚、马来西亚等地）。2016年1—11月，我国天然气进口量为691亿立方米。

（四）电网建设

我国建设连接大型能源基地与主要负荷中心的"三纵三横"特高压骨干网架和12项直流输电工程，形成大规模"西电东送""北电南送"的能源配置格局。但我国跨国联网输电工程较少，且电压等级较低、输送容量不大。亚洲电网覆盖48个国家和地区，总装机容量24亿千瓦，供电人口约40亿。亚洲各国电网发展极不平衡，目前各自形成独立电网，跨国互联线路较少。欧洲电网所覆盖的国家国土面积普遍较小，工业高度发达，负荷密度大，电网结构密集，是全球互联程度最高的洲际电网，主要由欧洲大陆电网、北欧电网、波罗的海电网、英国电网、爱尔兰电网等5个跨国互联同步电网以及冰岛、塞浦路斯2个独立电力系统构成。非洲电网覆盖50多个国家和地区，总装机容量1.5亿千瓦，总用电量7000亿千瓦时，供电人口约10亿。非洲电网发展落后，近60%的人口无法获得稳定电力，无电人口超过6亿。非洲各国之间电网总体联系较弱，各国电力以自平衡为主。

（五）港口建设

"21世纪海上丝绸之路"与现代国际海运主航线高度契合。沿线国家除部分欧洲国家之外，绝大多数国家属于发展中国家，人口众多，资源能源矿产丰富，国际海运和港口需求旺盛。2015年全球集装箱海运量约1.84亿标准集装箱（TEU），其中远东到欧洲、中东、南亚、澳洲和非洲以及亚洲、欧洲区域内等主要航线集装箱运输量1.16亿TEU，约占全球集装箱海运量的62%。2014年，全球海运集装箱吞吐量6.85亿TEU，较2008年增长32.6%，2008—2014年年均复合增长率为4.8%。从规模上看，2014年我国沿海港口集装箱吞吐量1.82亿TEU，占全球的27%。其后分别是欧洲、东南亚、东亚其他，在10%以上。之后是西亚和北非、北美、拉美、南亚、撒哈拉以南的非洲和澳洲。从增速看，撒哈拉以南的非洲年均复合增长率8.1%，位居全球首位。其后是中国、南亚、西亚和北非等"一带一路"沿线国家和地区，增速高于全球平均增速。东南亚地区增速与全球保持一致，澳洲略低于全球增速，欧洲明显低于全球增速。

（六）公路建设

公路是综合运输体系中服务范围最广、承担量最大、发展速度最快的地面交通运输工具，在地形复杂、人口集聚度不高、经济欠发达地区，是最便捷、最经济甚至是唯一的运输方式。中国西部地区与邻国之间有着漫长的边界线，其中新疆与中亚、南亚8个国家接壤5600公里，西藏与邻国边界3549公里，云南与邻国边界4060公里。目前，我国"一带一路"公路设施全面联通体系已经形成，一些重大项目已顺利开工，还有一些项目正处在规划阶段。在中国—东盟方向，已形成连接中国与东盟的两个铁路口岸（凭祥/同登铁路口岸和河口/老街铁路口岸），基本建成或规划建设的高速公路通道主要有8条。云南的中老泰公路、中越公路、中缅公路以及中印公路国内段大部分目前已建成高速公路。广西崇左、靖西至龙邦高速公路2016年年底建成后，将打通我国桂西、滇东、黔南通往东南亚各国的陆路通道。在中国—中亚方向，我国已与中亚国家形成了北中南三大陆路运输通道，包括六条跨境公路。作为"一带一路"建设的旗舰项目，巴基斯坦喀喇昆仑公路二期、卡拉奇高速公路开工建设。以中巴经济走廊的重点项目为例，雷科特至伊斯兰堡公路项目，全长约487公里，是巴基斯坦北部地区通往中国的唯一陆上通道。

二、联通层面：六大走廊格局成型

"一带一路"横贯东西、连接欧亚，促进欧亚大陆陆、海、空、网的互联互通，是实现不同区域板块联动的重要物质载体。2016年，地缘板块联动的主骨架——"六廊六路多国多港"大格局已经逐步成型。新亚欧大陆桥经济走廊、中蒙俄经济走廊和中国—中亚—西亚经济走廊把最具经济活力的东亚地区与发达的欧洲经济圈联系在一起，同时畅通了连接波斯湾和地中海的经贸之路，为亚欧大陆腹地国家的发展提供了契机；中巴经济走廊、中国—中南半岛经济走廊和孟中印缅经济走廊则将欧亚走廊的经济效应辐射到了南亚、东南亚和印度洋地区，发展潜力巨大。"一带一路"将当前最具有活力的中国与东北亚、东南亚、中亚、南亚、大洋洲、中东、非洲、欧洲等经济板块联动共振，让过去居于全球化边缘的次区域国家获得发展机会，为传统的发达国家增添发展动力，促进海陆联动、东西互济、南南合作与南北合作的新局面。

（一）中巴经济走廊

六大经济走廊是"一带一路"倡议的基础骨架，而中巴经济走廊是倡议推进的示范区，中巴经济走廊被称为"一带一路"的旗舰项目。该条经济走廊起点位于新疆喀什，终点位于巴基斯坦瓜达尔港，全长3000公里，是一条包括公路、铁路、油气和光缆通道在内的贸易走廊。目前，走廊已从前期规划逐步进入全面实施阶段，一些早期收获项目已经启动。中巴两国同意以走廊为引领，以瓜达尔港、能源、交通、基础设施和产业合作为重点，形成"1+4"合作布局。

（二）新亚欧大陆桥经济走廊

新亚欧大陆桥又名"第二亚欧大陆桥"，是从江苏省连云港市到荷兰鹿特丹港的国际化铁路交通干线，国内由陇海铁路和兰新铁路组成。大陆桥途经江苏、安徽、河南、陕西、甘肃、青海、新疆7个省区，到中哈边界的阿拉山口出国境。出国境后可经三条线路抵达荷兰的鹿特丹港。中线与俄罗斯铁路友谊站接轨，进入俄罗斯铁路网，途经斯摩棱斯克、布列斯特、华沙、柏林达荷兰的鹿特丹港，全长10 900公里，辐射世界30多个国家和地区。目前，重点合作方向在交通物流和产业园区共建方面。

（三）中蒙俄经济走廊

中蒙俄经济走廊分为两条线路：一是从华北京津冀到呼和浩特，再到蒙古国和俄罗斯；二是从东北地区大连、沈阳、长春、哈尔滨到满洲里和俄罗斯的赤塔。两条线路互动互补形成一个新的开放开发经济带，统称为中蒙俄经济走廊。这条经济通道连接东三省与蒙俄，在俄罗斯联通亚欧大陆桥继续西行，具有运输成本低、时间短、经过的国家少等优势，是一条潜力巨大的经济走廊。根据《建设中蒙俄经济走廊规划纲要》，中蒙俄三国的合作领域包括交通基础设施发展及互联互通、口岸建设和海关、产能与投资合作、经贸合作、人文交流合作、生态环保合作、地方及边境地区合作共七大方面。目前重点合作方向在能源合作、产业园区共建、交通基础设施方面。

（四）中国—中亚—西亚经济走廊

中国—中亚—西亚经济走廊联通我国与中亚、中东地区，目前主要规划了三条线路：中吉乌线路从喀什出发，经吉尔吉斯斯坦达乌兹别克斯坦安集延，再延伸到伊朗；中哈线路从乌鲁木齐出发，自霍尔果斯口岸出境到哈萨克斯坦，再通过乌兹别克斯坦达伊朗；中塔线路从喀什出发，自伊尔克什坦口岸出境，经塔吉克斯坦、阿富汗到达伊朗。在伊朗汇聚之后，该经济走廊将继续延伸至伊拉克、沙特阿拉伯、土耳其等西亚北非地区众多国家，成为另一条打通欧亚非三大洲的经济走廊。

（五）中国—中南半岛经济走廊

该走廊以中国广西南宁和云南昆明为起点，以新加坡为终点。目前主要规划了三条线路：西线从昆明出发，自瑞丽出境，经缅甸到达泰国；中线从昆明出发，自磨憨出境，经老挝到达泰国；东线从昆明出发，自河口出境，经越南、柬埔寨到达泰国。三条线路汇合之后继续延伸至新加坡。该经济走廊是中国连接中南半岛的大陆桥，也是中国与东盟合作的跨国经济走廊。

（六）孟中印缅经济走廊

孟中印缅经济走廊建设倡议是 2013 年 5 月国务院总理李克强访问印度期间提出的，得到印度、孟加拉国、缅甸三国的积极响应。该走廊联通孟加拉国、印度和缅甸，主要规划了三条线路：西线从日喀则出发，自吉隆出境，经尼泊尔加德满都到达印度；中线从日喀则出发，自亚东出境，到达印度西里古里；东线从昆明出发，自瑞丽出境，经缅甸密支那到达印度。该通道将珠三角经济圈与印度经济连接起来，对沿线国家的发展有重要意义。

三、机制层面：携手共同推进设施联通

中国与周边国家的基础设施联通是一个立体、复杂、多元化的综合基础设施网络，涉及领土主权、法律规范、技术标准、环境评估，更涉及政府、企业和个人以及项目的设计、融资、施工、运营管理

等众多领域、方面和层次。对于一个如此庞大的综合性系统工程，需要各相关国家统一认识、积极参与、共同谋划、共同协商。

（一）项目协调机制

"一带一路"沿线国家发展程度、利益诉求各不相同，各国之间的双多边关系也错综复杂。各国应充分利用和整合现有的多边合作机制，发挥上海合作组织、中国—东盟（"10+1"）、亚太经合组织、亚欧会议、亚洲合作对话、亚信会议、金砖国家机制、中阿合作论坛、中国—海合会战略对话、大湄公河次区域经济合作、中亚区域经济合作等平台的作用，加强基础设施互联互通方面的协调推进，扩大双方利益汇合点，确保重点项目的实施。

（二）标准对接机制

"一带一路"各大标准对接协商会议和论坛在各地陆续举办，初步形成了与沿线国家的标准对接路径。中国与"一带一路"沿线国家制定的顶层规划协议和标准体系对接方案，涉及基础设施建设投资、贸易、能源、金融、产业、物流运输、标准及认证、环境保护、农业、人文、信息、智库合作和地方合作等13个重点领域。

（三）安全保障机制

"一带一路"沿线涉及范围广，区域内各种能源通道面临着较大的政治、军事、经济、社会秩序等方面的安全风险。"一带一路"面临"三股势力"、民族冲突、主权争议、极端主义势力以及跨境犯罪等诸多挑战。非传统安全威胁上升，非传统安全问题具有跨国性、多元性、关联性和发展性的特征。沿线各国应该通力合作，搭建安全保障机制平台。参与基础设施建设的各国企业不仅要加强同本国各利益攸关方的合作，也需要加强同东道国政府、企业、非政府组织等的合作，充分发挥每个部门的独特优势，确保交通、能源和通信等建设，维护安全稳定。

表1　"一带一路"沿线国家设施联通指数 [①]

类型	排名	国家	B1 交通设施	B2 通信设施	B3 能源设施	B 设施联通
顺畅型	1	俄罗斯	8.00	4.68	4.00	16.68
	2	阿联酋	7.96	7.02	1.33	16.30
	3	马来西亚	7.34	5.79	2.00	15.13
	4	卡塔尔	4.96	7.66	2.33	14.95
	5	新加坡	7.51	7.32	0.00	14.83
	6	捷克	7.50	7.29	0.00	14.79
	7	哈萨克斯坦	7.48	4.66	2.00	14.15
良好型	8	斯洛伐克	5.72	8.00	0.00	13.72
	9	越南	7.17	4.03	2.33	13.53
	10	阿曼	4.81	5.89	2.33	13.02
	11	阿塞拜疆	6.28	5.38	0.67	12.33
	12	科威特	4.27	6.73	1.33	12.33
	13	土耳其	6.44	5.83	0.00	12.27
	14	巴林	5.04	7.09	0.00	12.12
	15	爱沙尼亚	5.04	6.93	0.00	11.96
	16	文莱	4.19	6.38	1.33	11.91
	17	以色列	4.65	7.22	0.00	11.87
	18	波兰	5.56	6.28	0.00	11.84
	19	拉脱维亚	4.42	7.23	0.00	11.65
	20	斯洛文尼亚	4.57	7.03	0.00	11.61

①　依据五通指数"设施联通"一级指标得分情况，"一带一路"沿线国家可分为四类：顺畅型，14.00—20.00分（含14.00分）；良好型，10.00—14.00分（含10.00分）；潜力型，6.00—10.00分（含6.00分）；薄弱型，6.00分以下。

（续表）

类型	排名	国家	B1 交通设施	B2 通信设施	B3 能源设施	B 设施联通
良好型	21	立陶宛	4.96	6.39	0.00	11.35
	22	乌兹别克斯坦	6.18	3.71	1.33	11.23
	23	沙特阿拉伯	4.81	4.56	1.67	11.03
	24	匈牙利	4.50	6.43	0.00	10.93
	25	印度	7.09	3.77	0.00	10.86
	26	克罗地亚	4.50	6.34	0.00	10.84
	27	印度尼西亚	6.03	2.47	2.00	10.50
	28	缅甸	5.41	3.05	2.00	10.46
	29	蒙古国	5.31	3.04	2.00	10.35
	30	泰国	6.70	3.60	0.00	10.31
	31	伊朗	5.67	3.16	1.33	10.17
	32	马尔代夫	4.89	5.26	0.00	10.15
	33	白俄罗斯	4.63	5.51	0.00	10.14
	34	埃及	3.42	4.68	2.00	10.10
潜力型	35	保加利亚	4.04	5.92	0.00	9.96
	36	斯里兰卡	5.98	3.90	0.00	9.88
	37	罗马尼亚	3.65	5.89	0.00	9.55
	38	格鲁吉亚	5.67	3.79	0.00	9.46
	39	马其顿	4.19	5.18	0.00	9.37
	40	塔吉克斯坦	6.34	2.96	0.00	9.30
	41	柬埔寨	5.72	3.55	0.00	9.28
	42	黑山	3.65	5.58	0.00	9.23
	43	阿尔巴尼亚	4.19	4.95	0.00	9.14
	44	亚美尼亚	4.34	4.79	0.00	9.14
	45	塞尔维亚	3.50	5.61	0.00	9.10
	46	巴基斯坦	5.80	2.93	0.33	9.07
	47	乌克兰	3.81	5.10	0.00	8.90
	48	吉尔吉斯斯坦	5.42	3.32	0.00	8.73
	49	黎巴嫩	2.81	5.88	0.00	8.69
	50	约旦	4.50	4.05	0.00	8.55

（续表）

类型	排名	国家	B1 交通设施	B2 通信设施	B3 能源设施	B 设施联通
潜力型	51	摩尔多瓦	3.42	5.12	0.00	8.54
	52	孟加拉国	4.74	3.41	0.00	8.15
	53	也门	2.65	3.15	2.33	8.14
	54	菲律宾	4.90	3.06	0.00	7.96
	55	土库曼斯坦	4.89	2.84	0.00	7.72
	56	老挝	4.40	2.94	0.33	7.67
	57	伊拉克	3.33	2.91	1.33	7.57
	58	波黑	2.46	5.01	0.00	7.47
	59	叙利亚	3.33	3.31	0.00	6.64
	60	不丹	3.00	3.62	0.00	6.62
薄弱型	61	阿富汗	3.33	2.62	0.00	5.96
	62	尼泊尔	3.55	2.33	0.00	5.88
	63	东帝汶	3.33	2.19	0.00	5.53

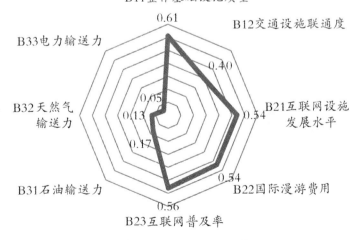

图1 设施联通指数雷达图

第五章

贸易畅通指数报告

顾春光

贸易畅通是"一带一路"合作的核心内容，旨在顺应经济全球化、区域一体化趋势，全方位深化与沿线各国经贸往来、产业投资、能源资源和产能合作，着力推进投资贸易便利化，消除投资和贸易壁垒，构建良好的营商环境，促进区域内经济要素有序自由流动、资源高效配置和市场深度融合，共同打造开放、包容、均衡、普惠的区域经济合作架构，为沿线各国互利共赢、共同发展奠定坚实基础。

一、全球贸易投资环境

从国际环境来看，2016年贸易投资合作所取得的进展尤为不易，挑战和压力突出体现在国际政治格局负面影响、世界经济增长动力疲软、各国贸易保护主义盛行三个方面。

（一）国际政治格局负面影响

特朗普胜选、英国脱欧、意大利修宪公投失败，不仅令西方世界陷入集体焦虑迷惘，也使国际战略格局猛遭冲撞。欧洲和美国的政策不确定性拉低了全球贸易增长率，对贸易投资产生了负面影响。世界银行报告对 18 个国家、历时 30 年的广泛数据样本进行分析后发现，2016 年不确定性上升可能导致贸易增长率下降 0.6 个百分点，在造成 2015 年和 2016 年贸易增长率差异因素中占比约 75%。

（二）世界经济增长动力疲软

2008 年美国金融危机爆发八年以来，全球 GDP 平均增速仅 3.5%，较危机前五年下降 1.6 个百分点。2016 年以来，世界经济处于危机后修复调整、筑底企稳阶段，内生动力欠缺，增长基础薄弱。尤其值得关注的是，"一带一路" 65 个沿线国家（含中国）人口达到 44 亿，占全球人口的比例超过 60%，但经济总量不到全球的三分之一，人均 GDP 不到 4000 美元，不及全球平均水平的四成。经济发展水平不够高，市场吸引力不够强，影响了深度开展经贸合作的经济性和积极性，是现阶段制约贸易畅通的首要原因。

（三）各国贸易保护主义盛行

自 2008 年美国金融危机以来，部分国家为了保护本国市场，纷纷发起贸易保护主义。全球范围内贸易保护主义盛行，形式既包括直接限制贸易措施，也包括货币竞争性贬值、区域贸易集团对非成员的隐形歧视等，这些进一步对贸易复苏形成阻碍。世界贸易组织数据显示，2016 年全球整体的出口货物贸易额为 15.464 万亿美元，同比减少 3.3%；进口货物贸易额为 15.799 万亿美元，同比减少 3.2%。

二、贸易畅通主要进展

自"一带一路"倡议提出以来，我国积极提升与沿线各国的经贸合作水平，大力拓展产业投资，推进多领域务实合作和重大项目实施，贸易畅通取得了重大进展。

（一）经贸合作区建设取得显著成果

"一带一路"沿线国家大多处于工业化进程初期，市场潜力较大，吸引外资意愿强烈。目前，中国在 20 个"一带一路"国家正在建设 56 个合作区，占在建合作区总数的 72.72%，累计投资 185.5 亿美元，入区企业 1082 家，总产值 506.9 亿美元（占境外经贸合作区总产值的 57.9%），上缴东道国税费 10.7 亿美元（占境外纳税总额的 40.0%），为当地创造就业岗位 17.7 万个（占境外创造就业总数的 83.5%）。其中，中白工业园、中埃苏伊士经贸合作区、中马关丹产业园等标志性项目，不仅促进了开放合作，而且提升了当地工业化水平，推进了产业集群发展，促进了亚欧各国的互利共赢，推动了新一轮经济全球化，为全球经济带来了新的动力与希望。

（二）"一带一路"沿线国家投资在曲折中增长

2014—2015 年，中国对"一带一路"沿线国家的投资增势显著。2014 年，中国对"一带一路"沿线国家的直接投资流量为 136.6 亿美元，占中国对外直接投资流量的 11.1%。2015 年，中国企业共对"一带一路"相关的 49 个国家进行了直接投资，投资达 189.3 亿美元，占当年流量总额的 13.0%，同比增长 38.6%，是对全球投资增幅的两倍。2016 年投资额有所下降，主要投向新加坡、印度尼西亚、印度、泰国、马来西亚、越南、老挝、伊朗、俄罗斯等地。2016 年 1—11 月，中国对"一带一路"沿线相关的 53 个国家直接投资 134.0 亿美元，同比下降 4.7%，占同期我国对外投资总额的 8.3%。对华投资方面，"一带一路"沿线国家对华投资呈显著增长态势，新设立企业 2472 家，同比增长 27.3%，实际利用外资 63.0 亿美元。

（三）产能合作为世界经济复苏增添动力

国际产能合作是中国政府正式提出的一项重大决策和倡议。在"一带一路"沿线国家和相关国家的积极参与和协同推动下，国际产能合作"一轴两翼"布局正在加快形成。该布局以中国周边重点国家为"主轴"，以非洲、中东和中东欧重点国家为"西翼"，以拉美重点国家为"东翼"。目前，中国已与 20 个国家开展政府间、大规模、机制化的双边、多边产能合作，产能合作基金规模超过 1000 亿美元。中国与哈萨克斯坦已经收获涉及钢铁、水泥、机械制造等多个领域的 52 个产能合作项目，总金额超过 240 亿美元。国际产能合作不仅加强了国内企业间的合作，还加强了与发展中国家和发达国家的双边、多边、第三方乃至多方企业间的产能合作，形成了产能合作利益汇合点的扩大。随着国际产能合作政策的逐步深化与具体，其合作内容在不断丰富，合作范围在不断覆盖全球更广阔的区域。

（四）"一带一路"沿线国家贸易进出口活跃

中国与"一带一路"沿线国家合作具有较好的基础，与沿线国家贸易额占全国贸易总额比重维持在 25% 左右。2014 年，中国与沿线国家的货物贸易额达到 1.12 万亿美元，占中国货物贸易总额的 26.0%。2015 年，双边贸易总额达 9955 亿美元，占全国贸易总额的 25.1%。2016 年 1—11 月，贸易额达 8489 亿美元，占同期我国外贸总额的 25.7%。初步预计，未来 10 年，中国与"一带一路"相关国家双边贸易总额有望突破 2.5 万亿美元。

（五）通关一体化加速推进

我国积极推进大通关建设，组织开展了国际贸易"单一窗口"试点；推动沿线国家货运班列建设，构建沿线大通关合作机制，建设国际物流大通道；积极参与关税减让谈判。通过双边或区域合作机制完善边境口岸的通关基础设施建设；加强能力建设，开展国际培训与交流，采用国际标准对周边国家海关、质检、运输等管理人员进行培训，降低贸易成本，并一定程度上缓解贸易下行压力。我国已与新加坡、韩国、欧盟和中国香港签署了"经认证的经营者（AEO）互认"安排，为我国高信用企业在互认国家和地区争取便利的通关环境。2015 年，在沿海各口岸建成"单一窗口"。2016 年，在全国各口岸建成"单一窗口"，推进一站式作业。通过整合监管资源，将现行转关、过境等模式，整合为多式联运监管模式，共享监管设施、优化监管流程、提高通关效率，将自由贸易区政策、跨境电子商务等新兴业态与多式联运海关监管中心相结合，加速形成区域综合性物流集散中心，积极支持建设"一带一路"的物流枢纽和贸易中心。

（六）自由贸易合作取得显著成果

自由贸易区是沿线国家合作的重要内容。2014 年以来，我国完成与东盟的自由贸易区升级版谈判、与格鲁吉亚的自由贸易协定谈判，积极推进区域全面经济伙伴关系协定（RCEP）谈判，推进与马尔代夫自由贸易区谈判，启动与海合会、以色列等的自由贸易区谈判。已对外签署自由贸易协定14个，涉及22个国家和地区，正在谈判的自由贸易区8个，正在研究的自由贸易区5个。我国积极推进区域全面经济伙伴关系协定、中日韩自由贸易区谈判，积极与沿线有关国家和地区发展新的自由贸易关系，努力构建高标准自由贸易区网络，推动区域经济一体化发展。

（七）跨境电商快速发展

以阿里巴巴外贸综合服务平台为例，数据显示，其全年贸易额从2013年的15亿美元急速增长到2016年的225亿美元，其中与"一带一路"沿线国家和地区的贸易额从4亿美元增长到79亿美元；"一带一路"沿线国家和地区的全年贸易订单数，从2013年的1万笔增长到2016年的26万笔；2013年以来，"一带一路"沿线国家阿联酋、埃及、巴基斯坦、俄罗斯、菲律宾、马来西亚、沙特阿拉伯、泰国、土耳其、新加坡、以色列、印度、印度尼西亚、越南与中国在阿里巴巴"一达通平台"的贸易额至少有10倍的增长。基于互联网技术的外贸综合服务平台模式，正在成长为"一带一路"倡议中重要的跨境贸易平台基础设施，为促进全球贸易新增长提供手段和路径。

表1　"一带一路"沿线国家贸易畅通指数 [①]

类型	排名	国家	C1 畅通程度	C2 投资水平	C3 产能合作	C 贸易畅通
顺畅型	1	新加坡	5.20	6.67	6.67	18.53
	2	阿联酋	6.67	5.11	4.04	15.82
	3	马来西亚	4.84	5.07	5.88	15.79
	4	沙特阿拉伯	4.01	4.96	5.73	14.70
良好型	5	卡塔尔	5.38	3.29	4.66	13.33
	6	俄罗斯	4.58	4.89	3.79	13.25
	7	泰国	4.75	5.13	3.21	13.09
	8	印度尼西亚	4.47	5.31	3.17	12.95
	9	印度	3.63	4.72	3.83	12.17
	10	阿曼	5.77	2.40	3.99	12.16
	11	菲律宾	3.39	4.57	4.20	12.16
	12	哈萨克斯坦	4.34	2.69	4.97	12.00
	13	波兰	4.81	4.19	2.99	11.99
	14	土耳其	4.65	4.50	2.82	11.97
	15	蒙古国	4.42	2.93	4.45	11.80
	16	格鲁吉亚	4.48	3.41	3.44	11.32
	17	科威特	3.69	4.00	3.54	11.23
	18	文莱	3.45	3.19	4.26	10.90
	19	越南	4.69	2.93	3.26	10.88
	20	以色列	4.62	3.64	2.52	10.78
	21	捷克	5.11	3.33	2.33	10.77
	22	吉尔吉斯斯坦	3.89	2.93	3.78	10.60
	23	柬埔寨	2.75	3.86	3.53	10.14
	24	伊朗	3.53	4.56	1.97	10.07

① 依据五通指数"贸易畅通"一级指标得分情况，"一带一路"沿线国家可分为四类：顺畅型，14.00—20.00分（含14.00分）；良好型，10.00—14.00分（含10.00分）；潜力型，6.00—10.00分（含6.00分）；薄弱型，6.00分以下。

（续表）

类型	排名	国家	C1 畅通程度	C2 投资水平	C3 产能合作	C 贸易畅通
	25	斯里兰卡	3.59	2.67	3.73	9.99
	26	匈牙利	4.80	3.54	1.48	9.82
	27	斯洛伐克	4.66	3.78	1.33	9.78
	28	埃及	3.48	3.71	2.55	9.73
	29	约旦	3.49	1.78	4.45	9.72
	30	罗马尼亚	4.62	2.40	2.69	9.71
	31	立陶宛	4.07	2.49	3.12	9.68
	32	巴基斯坦	2.51	4.30	2.82	9.62
	33	缅甸	3.38	2.49	3.71	9.58
	34	老挝	2.71	3.47	3.40	9.57
	35	乌兹别克斯坦	3.98	2.93	2.62	9.54
	36	保加利亚	4.24	2.94	2.30	9.48
潜力型	37	马其顿	3.47	1.87	3.90	9.24
	38	阿塞拜疆	3.46	2.84	2.67	8.97
	39	塞尔维亚	3.86	2.40	2.70	8.96
	40	土库曼斯坦	4.31	2.93	1.71	8.96
	41	伊拉克	3.39	2.43	3.07	8.89
	42	拉脱维亚	4.32	1.87	2.70	8.88
	43	孟加拉国	2.19	3.04	3.53	8.76
	44	爱沙尼亚	4.27	2.28	2.00	8.55
	45	亚美尼亚	3.86	2.08	2.58	8.52
	46	塔吉克斯坦	2.45	2.93	3.08	8.46
	47	巴林	3.32	1.87	3.27	8.45
	48	克罗地亚	4.03	2.34	1.95	8.33
	49	阿尔巴尼亚	3.54	1.87	2.80	8.21
	50	斯洛文尼亚	4.35	2.14	1.47	7.96
	51	叙利亚	2.61	3.20	2.12	7.93

（续表）

类型	排名	国家	C1 畅通程度	C2 投资水平	C3 产能合作	C 贸易畅通
潜力型	52	黎巴嫩	2.85	2.81	2.26	7.92
	53	尼泊尔	2.93	1.96	3.04	7.92
	54	波黑	3.30	1.87	2.73	7.89
	55	乌克兰	2.94	2.65	2.10	7.69
	56	白俄罗斯	2.59	2.40	2.39	7.38
	57	也门	2.87	2.52	1.35	6.74
	58	黑山	3.19	0.98	2.38	6.55
薄弱型	59	东帝汶	1.87	1.51	2.48	5.87
	60	阿富汗	3.05	1.85	0.96	5.85
	61	不丹	2.14	0.53	3.16	5.83
	62	摩尔多瓦	2.63	1.87	0.91	5.41
	63	马尔代夫	2.04	0.53	1.33	3.91

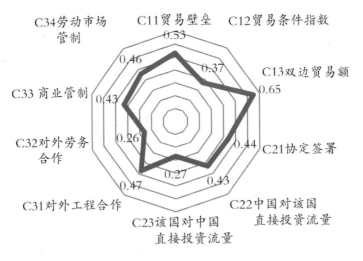

图 1 贸易畅通指数雷达图

三、存在问题与政策建议

从贸易畅通指数看，我国与"一带一路"沿线国家的贸易畅通还存在一些短板和瓶颈，如贸易畅通整体水平仍然较低，"通而不畅"现象依然普遍；区域发展不平衡，制约区域经济一体化；非关税壁垒比较严重，影响贸易规模扩大；区域合作机制水平较低，制约经贸合作深入；贸易劣势明显，在国际分工中的地位亟待提升。针对以上问题，我们认为，应在做好统筹规划和顶层设计的基础上，抓住重点和关键点，有序稳步推进，既树立远大目标，又不急于求成，既要正视困难，又不失去信心，积小成为大成，积跬步而至千里。

（一）营造良好经贸合作环境

依托上海合作组织、亚洲合作对话、亚信峰会、博鳌亚洲论坛、中国发展高层论坛、丝绸之路经济带国际论坛等国际机制和平台，以及中国与沿线国家建立的联委会、混委会、协委会、指导委员会、管理委员会等双边机制，加强与相关国家沟通，努力了解相互关切和利益诉求，积极进行发展战略和发展规划对接，寻求利益的最大公约数，确定重点合作项目。围绕这些重点合作项目探讨消除贸易和投资壁垒障碍，提升贸易自由化和便利化水平，推进人、财、物的跨境有序流动。可先从要求较低的双边或某个区域做起，逐步拓展和推广。

（二）推进区域贸易投资合作机制建设

一方面，在"一带一路"倡议框架下，基于互利共赢、自主自愿原则，共同探索新的合作机制。比如，整合升级现有的贸易投资协定，建设区域针对性较强又被广泛认可的贸易和投资争端解决机制，以有效解决发生的争端和矛盾，消除合作的后顾之忧。另一方面，对现有机制进行升级和扩容，比如积极推进中国—东盟自由贸易区升级版的打造，加大区域全面经济伙伴关系协定谈判磋商力度，积极参与中国—海合会自由贸易区谈判，做好上海合作组织扩员工作，务实推进"一带一路"倡议与"欧亚经济联盟"的对接等。

（三）发挥地区大国主导和带动作用

中国、印度、俄罗斯、哈萨克斯坦、土耳其、沙特阿拉伯都是区域内乃至全球范围内具有重要影响力的国家。"一带一路"建设能否顺利推进，取决于这些国家的立场态度和参与力度，当然，"一带一路"建设成功、地区繁荣稳定，这些国家也将是最主要的受益者。可通过官方、智库、民间等多层面加强与这些国家的"政策沟通"和"民心相通"，为"贸易畅通"奠定好基础，为整个区域的合作搭建起有力支撑框架。

（四）提升贸易便利化水平

设施联通是沿线国家经贸合作的主要载体。针对基础设施落后的地区，我国可整合资金资源、人才资源、工程建设能力、工程装备制造能力等多方面的资源和能力，积极推进该区域的基础设施建设，打通"断头路""瓶颈路"等。我国已倡导建立亚洲基础设施投资银行和注册设立丝路基金，国家开发银行、中国进出口银行、中信银行等金融机构也在积极谋划。可发挥这些专业性金融机构作用，运用政府和社会资本合作（PPP）等创新投融资模式，撬动社会资金，与工程承包企业紧密合作，加快推进基础设施硬件建设。积极推动现有交通运输便利化协定的落实工作，并与主要国家一起推动更大范围的交通运输便利化机制安排，消除运输贸易的制度障碍。加强海关合作，推动程序简化、单据互认、技术标准兼容等。

（五）推进境外经贸合作区建设

目前不少沿线国家在大通道建设方面缺乏积极性，一个主要原因是"过境运输"给这些国家带来的利益有限。此外，沿线国家经济活动密度不足也影响到基础设施建设的技术经济性。我国传统比较优势正在加速弱化，部分产业正在向外转移。我国在经贸合作区建设方面积累了丰富的经验，可顺应产业转移的趋势，发挥我国的经验优势，主动实施产业布局。这样既拓展了市场，提升了我国的产业分工地位，又可帮助沿线国家发展经济，实现互利共赢，并不断深化经贸合作。

第六章

资金融通指数报告

李 卓

一、资金融通的基本内涵和主要进展

2015 年 3 月 28 日，国家发展改革委、外交部、商务部联合
发布的《推动共建丝绸之路经济带和 21 世纪海上丝绸之路的愿
景与行动》中明确提出，资金融通是"一带一路"建设的重要支
撑，要深化金融合作，推进亚洲货币稳定体系、投融资体系和信
用体系建设，扩大沿线国家双边本币互换、结算的范围和规模，
推动亚洲债券市场的开放和发展，要和有关各方共同推进亚洲基
础设施投资银行、金砖国家开发银行（现金砖国家新开发银行）、
上海合作组织融资机构、丝路基金的筹备与建设，以银团贷款、
银行授信等方式开展多边金融合作。

报告提出要支持沿线国家政府和信用等级较高的企业以及金
融机构在中国境内发行人民币债券。符合条件的中国境内金融机
构和企业可以在境外发行人民币债券和外币债券，鼓励在沿线国
家使用所筹资金。

[作者简介] 李卓，北京大学国际关系学院博士研究生。

报告还提出，加强金融监管合作，推动签署双边监管合作谅解备忘录，逐步在区域内建立高效监管协调机制。完善风险应对和危机处置制度安排，构建区域性金融风险预警系统，形成应对跨境风险和危机处置的交流合作机制。加强征信管理部门、征信机构和评级机构之间的跨境交流与合作。充分发挥丝路基金以及各国主权基金作用，引导商业性股权投资基金和社会资金共同参与"一带一路"重点项目建设。

2016 年，习近平主席在推进"一带一路"建设工作座谈会上，亦再次强调了资金融通的重要性，并在八项要求中提出，要切实推进金融创新，创新国际化的融资模式，深化金融领域合作，打造多层次金融平台，建立服务"一带一路"建设长期、稳定、可持续、风险可控的金融保障体系。

从上述政策宣示中来看，资金融通作为"一带一路"顶层国家发展战略的重要组成部分，随着"一带一路"建设的进行，其侧重也有所变化。2016 年之前，资金融通的建设重点，更加强调体系建设，与中国国内的金融自由化和人民币国际化的联系更强。而随着 2016 年人民币正式进入国际货币基金组织特别提款权货币篮子，人民币国际化的阶段性目标完成。同时中国国内金融环境的变化，资金融通的相关提法也更加务实，"长期、稳定、可持续、风险可控的金融保障体系"将成为以后的工作重点。

（一）金融创新

随着"一带一路"在兴建基础设施、强化金融与贸易联系方面的进展，需求面上对金融创新已有很高的期待。而"一带一路"的多数沿线国家存在国内金融市场深度和广度不足、融资形式有限的问题。即便政府通过亚洲基础设施投资银行和丝路基金等其他方式加强融资，也仍然存在相对巨大的资金缺口，需要通过金融创新的方式，包括多种类型的金融机构参与、基本建设债券的发行乃至 PPP 模式的合理应用等多种方式加强融资能力。相关的金融机构对此的积极性也很大，因此无论是在资金的需求面，还是供给面，都对金融创新有很高的期待。

在多种类型金融机构参与过程中，新兴多边开发性金融机构表现最抢眼。以亚洲基础设施投资银行为代表，它们在对接"一带一路"的专项要求上具有相当优势，尤其是在以国际标准为相关方面提供信贷、债券、股权投资、保险等服务方面。截至 2016 年 9 月底，亚洲基础设施投资银行一共公布了该行参与投资建设的两批六个项目，项目贷款额总计 8.29 亿美元，涉及孟加拉国、印度尼西亚、巴基斯坦、塔吉克斯坦和缅甸五个国家，涵盖了能源、交通和城市发展等领域。六个项目中，除了孟加拉国的电力输送升级和扩容项目为亚洲基础设施投资银行独立提供贷款的项目外，其余项目计划由亚洲基础设施投资银行与世界银行、亚洲开发银行、欧洲复兴开发银行等其他多边开发银行以及商业银行进行联合融资。

中国国内的多家金融机构也积极探索，为金融创新发展提供了实例。除几大国有银行外，兴业银行、中信银行、浦发银行等商业银行也都积极布局，参与"一带一路"建设。如中信银行设立的首期规模 200 亿元人民币的"一带一路"基金，重点关注"一带一路"区域内城市基础设施、轨道交通、城市综合开发、并购重组、产业投资等项目。

在基本建设债券的发行上，多种类型的金融机构都有各自贡献。新兴多边开发性金融机构在国际合作和执行国家既有战略上具有自身优势，如 2016 年 7 月，金砖国家新开发银行在上海发行的第一笔绿色债券，用于支持绿色产业项目，规模为 30 亿元人民币，期限为五年。国有银行则继续着力于和人民币国际化有关的领域，如中国银行 2015 年成功发行总值 40 亿美元的"一带一路"债券，该债券包括人民币、美元、欧元、新加坡元等四个币种，并分别在迪拜纳斯达克交易所、新加坡交易所、台湾证券柜台买卖中心、香港联合交易所、伦敦证券交易所等五个交易所挂牌上市，是中国银行业迄今规模最大的境外债券发行，也是第一次实现四币同步发行、五地同步上市的债券发行，海内外影响都非常巨大。商业银行则活用自己在业务灵活性以及特定专业领域的优势，积极进行融资活动。如中信银行设立"一带一路"基金等。

在 PPP 模式的合理应用上，随着国家发展改革委在 2017 年年初会同多个部门，正式建立"一带一路"PPP 工作机制，并希望在"一带一路"沿线国家推广 PPP 模式，PPP 模式开始为各界所瞩目。考虑到"一带一路"所涉及的基础设施的特性就是投融资规模大、建设周期和资金回收期长、回报率相应比较低，而 PPP 模式通过使用者付费来回收投资成本和弥补运营成本，将有利于更好地建设和运营基础设施项目。但另一方面，我国企业由于参与国际化竞争时间相对较短，相对不熟悉、不重视国际法律法规，或在项目经营过程中容易触犯东道国的相关政策规定，采用 PPP 模式也有很多风险。因此，未来如何合理应用 PPP 模式成为各方关注的重点。这也正是国家发展改革委 2017 年 3 月印发

《关于请报送"一带一路"PPP项目典型案例的通知》的原因，希望能收集一批既有建设中的成功案例，来帮助中国企业更好地利用PPP这种传统基础设施建设和金融创新相结合的模式。

（二）金融合作

"一带一路"提出以来，我国同其他国家的金融合作，在各个层次均有很大的进展。首先是国家层次的区域金融合作，除亚洲基础设施投资银行、丝路基金外，中国还同"一带一路"沿线国家有各种各样的金融合作机制，如东亚及太平洋中央银行行长会议组织（EMEAP）、东盟与中日韩（"10+3"）金融合作机制、东南亚中央银行组织（SEACEN）、中亚、黑海及巴尔干半岛地区央行行长会议组织、上海合作组织财长和央行行长会议。尤为重要的是，中国对清迈倡议从双边互换协议向多边协议的转型，即达成所谓"清迈倡议多边化协议"（Chiang Mai Initiative Multilateralization Agreement，CMIM）发挥了重要作用。现在，清迈倡议多边化协议已经是一个拥有2400亿美元的区域性外汇储备资金池，在预防金融危机和促进与东南亚各国的经济关系上发挥了重大作用。

其次，金融机构的合作体现出了我国以金融"走出去"推动企业"走出去"的努力，工、农、中、建、交、国开行、进出口银行、中信银行等机构在俄罗斯、新加坡、越南等沿线国家设立了分支机构。部分边境省区市的城市商业银行与其相邻国家的金融机构开展了符合当地经济特点与业务需求的业务合作，如哈尔滨银行设立了卢布现钞交易中心、中俄跨境金融服务中心、对俄特色支行等直营机构；富滇银行与越南、老挝、柬埔寨、泰国、马来西亚、新加坡等东南亚国家机构建立代理行和账户行关系网络，开展了人民币对泰铢直接报价及相应的金融服务。

最后，在金融市场的合作上，无论是在境外机构在境内批准发行人民币债券方面，还是在促进亚洲债券市场开放方面，中国人民银行都有积极的表现。目前各方还就成立多币种债券发行框架、区域债券清算中介等问题进行探讨。此外，具体在外汇市场上，人民币对马来西亚林吉特、俄罗斯卢布在全国银行间外汇市场挂牌交易。云南省开展了人民币对泰铢的银行间市场区域交易，山东、吉林、广西和新疆等地开展了人民币对韩元、越南盾、老挝基普、哈萨克斯坦坚戈等周边国家货币的银行柜台直接挂牌交易。

（三）金融平台打造

"一带一路"在基础设施建设投资与项目落地方面的进展及相关的多样性使得融资、结算、交易、投资和资本运作往来等多层次、综合型金融平台的建设更为迫切。

围绕"走出去"企业的需求和产业园区的建设，开发新的信用支持工具，打造多层次金融产品平台成为未来资金融通领域进一步发展的重要方面。目前中国企业在境外设立的企业近3万家，境外企业资产总额超过3万亿美元，中国已连续三年位居全球第三大对外投资国，对外承包工程的合同额和营业额均位居世界第一，中国企业实施"走出去"战略已取得显著成效。其中相当一部分是在"一带一路"沿线进行投资的，而且可能以后相当比例的投资会以PPP等形式进行。产业园区上，目前中国在东盟、中亚、南亚、中东欧和边境地区共设立了超过35个产业园区。这就使得综合性金融平台的建设非常必要，它既需要在国内为"走出去"

企业提供项目贷款、贸易融资、发债融资、顾问咨询等基础性金融服务，还需要在"一带一路"沿线建立当地分支机构，为企业在当地的发展需求提供快速的金融支援。此外，金融部门需能够进行多样性的融资——债券发行与股票发行相结合，中国国内金融市场和海外金融市场相结合，金融服务与法律、会计、咨询、公关等支持服务相互配合。

在这个意义上，金融平台打造与金融创新和金融合作是一脉相承的，也是相辅相成的。有了金融创新的实际推进和金融合作的稳步进行，金融平台的打造才会有切实的实务基础；而有了金融平台对相关资源的整合和包装，金融创新和金融合作也才会有更好的发展。正如前文所述，中国银行业包括工、农、中、建、交、国开行、进出口银行、中信银行，无论是在金融创新还是在金融合作领域都已经有了很大的进展，相信它们未来也会在国家政策的帮助下，进一步完善金融平台的建设。

（四）金融保障体系建设

"一带一路"沿线复杂的地缘政治局面和丰富的宗教文化多样性导致该地区出现难以预测的复杂局面的可能性较高。习近平主席讲话中特别强调建立"长期、稳定、可持续、风险可控的金融保障体系"，通过构建完善的金融保障体系能够有效应对"一带一路"倡议推进过程中伴随着的诸多系统性的不确定性。而前文提到的金融创新、金融合作和金融平台建设中所涉及的多样化融资方式、多层次金融合作和一站式金融服务，如能综合配置，复杂局面下仍能保证资金网络的畅通，并有助于最小化相关的项目损失。

在风险层次上，金融保障体系能够发挥更大作用。首先，金融保障体系可以加强中国同其他国家的金融监管合作，有效控制"一带一路"沿线的合规风险。由于"一带一路"沿线国家在金融监管和合规方面存在比较大的差异，各国反洗钱、资本充足率等监管要求不尽相同，合规风险高。而金融保障体系通过加强金融监督合作，可以有效促进"一带一路"相关企业的合法合规经营。其次，"一带一路"沿线各国的情况复杂，需要至少在国别层次（实际上由于不少"一带一路"沿线国家存在因民族文化原因及其政治经济后果所造成的内部差异，也应该考虑地区层次）建立风险评估体系，并制定有针对性的风险管理政策，而金融保障体系的建立也正是风险评估和风险管理的有效手段。最后也是最直接的是，通过多元化金融工具来稀释风险。理论上来看，风险管理的本质并不是清除风险，因为风险是不可被清除的，但它可以为风险管理所控制、所稀释，并以稀释到足以满足投资方对盈利预期的需求为其归宿。金融保障体系在这个领域，可以通过加强商业性金融机构、政策性金融机构和多边金融机构相互间的合作，促进保险机构在"一带一路"建设中的业务拓展和业务创新（包括担保、投保、出口信用保险的多样化），从而更好地帮助企业进行风险管控。此外，加快设计多元化的金融对冲产品和工具，合理放松国内金融市场对相关金融工具的发行和管理的限制乃至我国企业在海外市场上使用相关金融工具的限制（包括外汇管制）等，或将有助于加强我国金融保障体系对"一带一路"建设的支持、帮助力度。

因此，对于"长期、稳定、可持续、风险可控的金融保障体系"的建设来说，金融创新、金融合作和金融平台建设的顺利进行实际上是金融保障体系成功建设的必要条件。这里需要说明的是，长期、稳定和可持续的实现与金融创新、金融合作和金融平台建设有密不可分的联系——"一带一路"建设是由日新月异的一个一个具体项目所累积起来的，而金融保障体系的建设在时间跨度上可能更长，这二者之间的张力也只有通过体系建设和发展过程中不断的金融创新才能实现；"一带一路"建设的金融保障体系所要求的稳定性，也需要高质量多层次的金融合作才能实现，毕竟一国单独努力是无论如何无法稀释足够风险以实现这种稳定性的，"一带一路"建设本身也是一个中国与其他国家在多层次上的合作实践，在这个意义上，作为"一带一路"题中之义的合作，自然是要贯穿到"一带一路"建设的各个方面的；可持续性本身也需要平台建设来加以保障，毕竟平台化的功能整合完成前，金融保障体系肯定是不完善的。

实务进展上，"长期、稳定、可持续、风险可控的金融保障体系"的提法出台后，各相关金融机构，从多边的亚洲基础设施投资银行、丝路基金、中国—东盟投资合作基金、中国—中东欧投资合作基金、中国—欧亚经济合作基金，到政策性银行、四大国有银行和其他商业银行，再到中资投资公司，都积极跟进。尤为重要的是，保险公司和保险系资金的进入，包括中国出口信用保险公司与丝路基金签署的《关于服务"一带一路"战略和支持企业"走出去"的合作框架协议》和规模达 3000 亿元人民币的中国保险投资基金（主要向保险机构募集）。这些实务进展都表明金融保障体系正在逐渐发展和完善。

二、资金融通指标解析与总体分析

（一）指标解析

本报告从三个方面衡量东道国与中国的资金融通程度：金融合作、信贷体系和金融环境。

1. 金融合作包括 4 个三级指标：货币互换合作、金融监管合作、投资银行合作和商业银行合作

"货币互换合作"是指中国与该国是否签订双边货币互换协议。中国人民银行与境外货币当局签订本币互换协议的目的不仅包括维护区域金融稳定，还包括促进双边贸易和投资。此外，签署货币互换协议可提高人民币在一些国家的使用，同时也将降低签约国在双边贸易活动中面临的美元汇率波动风险，从而有利于双边贸易的发展。

"金融监管合作"是指中国与该国是否签署金融监管合作备忘录。中国与其他国家签署金融监管合作备忘录，双方证券、期货和保险监督管理机构将在信息交换、机构设立、协助调查以及人员培训和交流等方面开展监管合作，共同维护双方证券期货市场的稳定发展，有利于促进双方金融业的优势互补和共同发展，进一步优化两国企业的融资环境。

"投资银行合作"是指该国是否为亚洲基础设施投资银行成员方，是否为亚洲开发银行、中国—东盟银联体意向成员方。投资银行合作是中国与"一带一路"各国合作进行基础设施建设及其他项目合作的投融资平台，有利于不断深化互联互通建设。

"商业银行合作"是指商业银行开展的国际合作项目，同时

也包括商业银行建立的产品和服务的国际渠道。

2. 信贷体系包括 2 个三级指标：信贷便利度和信用市场规范度

"信贷便利度"依据世界银行《全球营商环境报告》发布的评分，主要衡量各个国家或地区获得信贷的便利程度，从信贷信息登记以及担保和破产法在促进贷款上的效果方面进行打分，分数越高，获得信贷的便利程度越高。

"信用市场规范度"依据《世界经济自由度年度报告》（由加拿大 Fraser Institute 和美国 Cato Institute 发布）发布的评分，主要衡量各个国家或地区在银行所有权、私营部门信贷、利率控制或不良资产利率控制方面的法律法规管理规范程度。信贷作为一种重要的金融服务，关系到国家、企业和个人获得发展的机会，更是衡量一个国家或地区金融体系是否发达、完善的重要尺度，获得信贷的便利程度越高、资金流动越畅通、信用市场规范度越高，越有利于保护企业和个人的财产和权利，越有利于经济的发展。

3. 金融环境包括 3 个三级指标：总储备量、公共债务规模和货币稳健性

"总储备量"包括持有的货币黄金、特别提款权、国际货币基金组织持有的国际货币基金组织成员方的储备以及在货币当局控制下的外汇资产，可用于衡量一个国家偿付国际收支逆差能力、偿还贷款能力、稳定本币汇率能力以及融资能力等。

"公共债务规模"指各级政府总债务占 GDP 的比重。债务形式包括特别提款权、货币和存款、债券、贷款、保险、养老金

和标准保证计划以及其他应付款项，公共债务占GDP的比重过大，政府的偿债能力将面临较大挑战，会影响到银行业的发展，甚至引发金融市场的不稳定。

"货币稳健性"则依据《世界经济自由度年度报告》的评分，主要衡量货币增长、通货膨胀标准差、近一年通货膨胀、外汇银行账户自由度。货币越稳健，越有利于资金融通。

（二）总体分析

表1　"一带一路"沿线国家资金融通指数[①]

类型	排名	国家	D1 金融合作	D2 信贷体系	D3 金融环境	D 资金融通
顺畅型	1	新加坡	6.67	6.67	4.47	17.80
	2	马来西亚	6.00	5.96	4.11	16.07
	3	哈萨克斯坦	5.67	5.13	5.00	15.79
	4	俄罗斯	5.67	4.13	5.94	15.73
	5	阿联酋	6.00	4.00	5.44	15.44
	6	印度尼西亚	6.00	3.92	5.22	15.14
	7	泰国	6.00	4.21	4.83	15.04
	8	卡塔尔	5.17	4.79	4.84	14.79
	9	匈牙利	4.17	5.96	4.26	14.39
	10	柬埔寨	4.33	5.67	4.25	14.25
	11	土耳其	5.50	3.50	5.23	14.23
	12	波兰	3.67	5.25	5.18	14.10
	13	以色列	2.67	6.25	5.16	14.08

① 依据五通指数"资金融通"一级指标得分情况，"一带一路"沿线国家可分为四类：顺畅型，14.00—20.00分（含14.00分）；良好型，10.00—14.00分（含10.00分）；潜力型，6.00—10.00分（含6.00分）；薄弱型，6.00分以下。

（续表）

类型	排名	国家	D1 金融合作	D2 信贷体系	D3 金融环境	D 资金融通
良好型	14	科威特	3.50	5.21	5.04	13.75
	15	菲律宾	4.17	4.50	4.59	13.25
	16	捷克	1.67	5.75	5.57	12.99
	17	越南	4.67	5.04	3.14	12.85
	18	沙特阿拉伯	1.83	4.21	6.67	12.71
	19	蒙古国	5.50	3.92	2.82	12.24
	20	巴基斯坦	5.50	3.50	3.01	12.01
	21	印度	3.83	3.42	4.59	11.84
	22	塔吉克斯坦	4.67	3.79	3.26	11.72
	23	亚美尼亚	1.67	5.96	3.73	11.36
	24	格鲁吉亚	1.00	6.38	3.86	11.23
	25	罗马尼亚	0.00	6.38	4.85	11.23
	26	立陶宛	1.67	5.75	3.71	11.13
	27	乌克兰	3.33	4.54	2.86	10.74
	28	文莱	1.33	4.63	4.76	10.72
	29	巴林	2.50	4.00	4.19	10.69
	30	保加利亚	0.00	5.75	4.65	10.40
	31	爱沙尼亚	0.00	6.46	3.73	10.19
	32	阿曼	1.00	4.29	4.83	10.12
潜力型	33	马其顿	0.00	6.17	3.58	9.75
	34	阿尔巴尼亚	1.67	4.13	3.94	9.73
	35	拉脱维亚	0.00	5.67	3.97	9.64
	36	尼泊尔	3.00	3.38	3.22	9.59
	37	白俄罗斯	3.33	2.58	3.51	9.42
	38	吉尔吉斯斯坦	1.33	5.04	2.93	9.31
	39	斯洛伐克	0.00	4.83	4.44	9.27
	40	斯里兰卡	3.00	3.08	3.18	9.26
	41	老挝	2.67	4.42	1.94	9.02

（续表）

类型	排名	国家	D1 金融合作	D2 信贷体系	D3 金融环境	D 资金融通
潜力型	42	摩尔多瓦	0.00	5.75	3.19	8.94
	43	阿塞拜疆	1.33	3.08	4.25	8.66
	44	波黑	0.00	4.83	3.82	8.66
	45	塞尔维亚	1.67	3.42	3.34	8.42
	46	乌兹别克斯坦	1.33	3.42	3.61	8.36
	47	黑山	0.00	5.67	2.61	8.27
	48	孟加拉国	1.33	2.46	4.19	7.99
	49	克罗地亚	0.00	4.42	3.44	7.86
	50	阿富汗	1.00	2.58	4.23	7.81
	51	埃及	1.83	2.08	3.19	7.11
	52	缅甸	2.50	1.13	3.18	6.81
	53	东帝汶	1.00	3.67	1.89	6.55
	54	伊朗	1.00	1.88	3.61	6.48
	55	不丹	1.00	3.50	1.96	6.46
	56	土库曼斯坦	1.00	1.82	3.61	6.43
薄弱型	57	约旦	1.00	1.42	3.48	5.89
	58	马尔代夫	1.33	2.17	2.25	5.75
	59	黎巴嫩	0.00	1.67	3.87	5.54
	60	伊拉克	0.00	0.92	4.44	5.36
	61	斯洛文尼亚	0.00	2.88	2.13	5.01
	62	也门	0.00	0.00	3.86	3.86
	63	叙利亚	0.00	1.33	2.49	3.82

　　参评国家中，"顺畅型"国家13个，占比20.63%；"良好型"国家19个，占比30.16%；"潜力型"国家24个，占比38.10%；"薄弱型"国家7个，占比11.11%。"一带一路"沿线国家资金融通平均得分为10.37分，资金融通水平总体处于"良好型"等级。

其中，新加坡得分最高，为17.80分；叙利亚得分最低，仅为3.82分。这凸显出各国资金融通水平不平衡的特点。

（三）六大区域分析

资金融通指标六大区域的平均得分如表2和图1所示。可以看出，东南亚、俄罗斯及周边、中亚与蒙古国在平均水平以上，中东欧、西亚北非、南亚处于平均水平以下。

表2　资金融通指标六大区域平均得分

东南亚	俄罗斯及周边	中亚与蒙古国	中东欧	西亚北非	南亚	平均得分
12.50	10.87	10.64	10.06	9.59	8.84	10.37

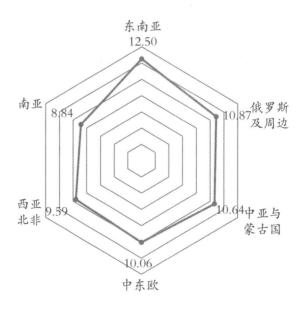

图1　资金融通指标六大区域平均得分雷达图

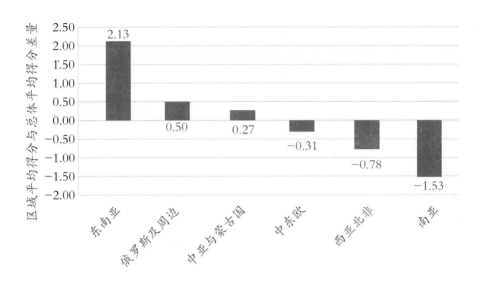

图2　资金融通指标六大区域平均得分与总体平均得分差量图

由图2可知，东南亚超出平均水平最多，南亚与平均水平差距最大。

表3　六大区域不同资金融通指标排名段的国家数量

六大区域	1—10名	11—20名	21—30名	31—40名	41—50名	51—63名
东南亚	5	2	1	0	1	2
俄罗斯及周边	1	0	3	1	2	0
中亚与蒙古国	1	1	1	1	1	1
中东欧	1	2	3	5	4	1
西亚北非	2	4	1	1	0	7
南亚	0	1	1	2	2	2

由表 3 可以看出，东南亚国家集中于 1—10 名，西亚北非国家集中于 11—20 名和 51—63 名，中东欧国家、南亚国家集中于后半部分 21—63 名，中亚与蒙古国和俄罗斯及周边分布比较均匀。

（四）分项指标分析

"一带一路"沿线国家资金融通指标和分项指标排名差异情况如表 4 所示。值得注意的是，很多国家与中国的金融合作情况较好，但是其自身的信贷体系、金融环境排名比较靠后。该表显示了一个国家在分项指标上的优势和劣势情况，可为确定合作重点及薄弱环节提供参考。

表 4　资金融通指标和分项指标排名图

类型	国家	D 资金融通排名	D1 金融合作排名	D2 信贷体系排名	D3 金融环境排名
顺畅型	新加坡	1	1	1	19
	马来西亚	2	2	7	28
	哈萨克斯坦	3	6	19	10
	俄罗斯	4	7	33	2
	阿联酋	5	3	35	4
	印度尼西亚	6	4	37	6
	泰国	7	5	31	14
	卡塔尔	8	11	24	12
	匈牙利	9	15	9	22
	柬埔寨	10	14	14	24
	土耳其	11	8	41	5
	波兰	12	18	17	7
	以色列	13	24	5	8

（续表）

类型	国家	D 资金融通排名	D1 金融合作排名	D2 信贷体系排名	D3 金融环境排名
良好型	科威特	14	19	18	9
	菲律宾	15	16	27	18
	捷克	16	30	10	3
	越南	17	12	20	52
	沙特阿拉伯	18	28	32	1
	蒙古国	19	9	38	56
	巴基斯坦	20	10	42	53
	印度	21	17	44	17
	塔吉克斯坦	22	13	39	46
	亚美尼亚	23	31	8	36
	格鲁吉亚	24	41	3	33
	罗马尼亚	25	49	4	11
	立陶宛	26	32	11	37
	乌克兰	27	20	26	55
	文莱	28	35	25	15
	巴林	29	26	36	27
	保加利亚	30	50	12	16
	爱沙尼亚	31	51	2	35
	阿曼	32	42	30	13
潜力型	马其顿	33	52	6	41
	阿尔巴尼亚	34	33	34	30
	拉脱维亚	35	53	15	29
	尼泊尔	36	22	47	47
	白俄罗斯	37	21	51	42
	吉尔吉斯斯坦	38	36	21	54
	斯洛伐克	39	54	22	20
	斯里兰卡	40	23	48	51
	老挝	41	25	28	62

（续表）

类型	国家	D 资金融通排名	D1 金融合作排名	D2 信贷体系排名	D3 金融环境排名
潜力型	摩尔多瓦	42	55	13	49
	阿塞拜疆	43	37	49	23
	波黑	44	56	23	34
	塞尔维亚	45	34	45	45
	乌兹别克斯坦	46	38	46	38
	黑山	47	57	16	57
	孟加拉国	48	39	53	26
	克罗地亚	49	58	29	44
	阿富汗	50	43	52	25
	埃及	51	29	55	48
	缅甸	52	27	61	50
	东帝汶	53	44	40	63
	伊朗	54	45	56	39
	不丹	55	46	43	61
	土库曼斯坦	56	47	57	40
薄弱型	约旦	57	48	59	43
	马尔代夫	58	40	54	59
	黎巴嫩	59	59	58	31
	伊拉克	60	60	62	21
	斯洛文尼亚	61	61	50	60
	也门	62	62	63	32
	叙利亚	63	63	60	58

三、关于进一步推动资金融通的建议

基于"切实推进金融创新，创新国际化的融资模式，深化金融领域合作，打造多层次金融平台，建立服务'一带一路'建设长期、稳定、可持续、风险可控的金融保障体系"的提法，我们对进一步推动资金融通提出以下建议：

（一）进一步创造条件，促进金融创新

一是要重视各种金融机构的自主性，为金融创新松绑减负。尤其是考虑到"一带一路"建设的灵活性和多样性，以及金融创新对深化金融合作、打造多层次金融平台、建设服务于"一带一路"的金融保障体系的基础性作用，促进金融创新的迫切性是不言自明的。

二是要在金融创新领域加强政府的引导和协调。金融机构在遵循市场驱动和商业化运作原则的基础上，与国家的发展战略和规划相衔接，才能更好地促进中国与"一带一路"沿线国家和地区实现共同发展、共同繁荣。

三是协调传统和新建的各类多边金融机构，联合国内外各类政策性、商业性金融机构及各类股权投资基金，通过股权、债权以及贷款相配合的多元化投融资方式，鼓励中资银行和外资银行开展跨地区股权合作、银团贷款、融资代理业务等金融合作，优势互补，为相关项目提供更多融资的选择。

（二）继续深化金融领域的国际合作

一是在国际多边金融机制领域，灵活、自主、多样地推进合作，如广受好评的亚洲基础设施投资银行、亚洲开发银行和欧洲复兴开发银行在塔吉克斯坦的基础设施建设项目。这样也有助于消除外界对中国"一带一路"建设在政治意图和经济透明度方面的疑虑。

二是在金融机构跨国合作的领域，需要进一步促进金融"走出去"，鼓励国有银行、商业银行、投资基金、保险以及各种形式的资本与当地企业和金融机构的合作。鼓励上述金融机构在海外设立分支机构，并继续鼓励边境省区市的城市商业银行与其相邻国家的金融机构开展符合当地经济特点与业务需求的业务合作。

三是在金融市场合作领域，多币种债券发行框架的成熟化、区域债券清算中介在海外的多点建立等都值得进一步推动。中国要积极努力引导亚洲债券市场的开发和发展，并继续加强亚洲债券基金的建设。

四是继续深化与沿线国家的区域监管合作，加强与沿线国家各监管当局间的沟通协调，扩大信息共享范围，提升在重大问题上的政策协调和监管一致性，逐步在区域内建立高效监管协调机制。

五是加强与沿线国家在人员、政策、培训等方面的交流，这有利于更好地跟踪相关国家的经济形势和宏观政策，增进相互理解和信任，建立良好的合作关系，适时解决双方诉求。充分利用现有的双边、多边合作平台，开展各种层次的人员交流和政策交流。

（三）合力打造多层次金融平台

一是围绕"走出去"企业的需求和产业园区的建设，开发新的信用支持工具，并争取建设能为"走出去"企业提供从项目贷款到贸易融资、发债融资、顾问咨询等服务的综合性金融平台。此外，若能在平台上实现金融服务与法律、会计、咨询、公关等支持服务的相互配合，金融平台的功能将会得到更大的发挥。

二是重视国家开发银行、中国进出口银行、中国出口信用保险公司等政策性金融机构作为中长期投融资平台的作用，并进一步支持其完善信息收集平台、规划咨询平台和风险管理平台建设。

（四）金融保障体系建设

一是为应对不确定性，应加强对沿线国家的分析研究，增强对相关国家经济金融情况、投融资政策等方面的了解，提高我国对外金融合作的针对性和有效性，包括以更大力度鼓励高校、智库、媒体等各种智力资源进一步加强地区研究。

二是为应对风险，应加快多元化的金融对冲产品和工具的设计，引导商业性金融机构、政策性金融机构和多边金融机构相互间的合作，促进保险机构在"一带一路"建设中的业务拓展和业务创新。

三是加强债务风险追踪，明确责任划分。如在政府部门、银行和保险机构间建立健全的信息通报机制。

四是加强与借款国的沟通交流，增强主权债务管理能力。

五是针对部分外债负担重、贷款集中度高、对落实国家战略具有重要意义的国家，应就中长期优惠贷款，发布更明确的指导意见。

六是强化政策性金融机构的保障能力建设。如在资金来源、项目监管、税务、审计合作等方面加大对国内金融机构的支持。

（五）其他挑战

一是未来资金需求仍难以满足。项目数量和对资金的需求仍在增长中，而现行金融支持的力度仍略显不足。

二是专业化、国际化的金融人才仍有缺口，各金融机构在用人机制以及资本运营经验、能力方面仍有待进一步提高。

三是金融监管保守。金融机构对海外贷款风险的容忍似有下降，对金融创新"走出去"所伴随的风险仍有顾虑，而适当放松金融监督将有助于相关的金融创新，以便于金融机构的风险控制和稀释。

第七章

民心相通指数报告

刘静烨

　　"民心相通"是"一带一路"倡议实施的民意基础和社会保障。在《推动共建丝绸之路经济带和 21 世纪海上丝绸之路的愿景与行动》中，关于"民心相通"有重点的论述。从合作领域来看，民心相通涉及的领域非常广，包括教育、艺术、文学、旅游、医疗卫生、科技、就业创业等多个领域；从合作主体来看，民心相通要通过多平台多主体的共同努力来实现，涵盖政党、城市、民间组织和媒体等。

一、民心相通的现状分析

　　通过对 3 个二级指标"旅游活动""科教交流"和"民间往来"的评估，我们对 2016 年"一带一路"沿线国家民心相通指数进行测算。

　　［作者简介］刘静烨，博士，北京大学国际关系学院博士后、讲师，北京大学全球互联互通研究中心研究员。

（一）民心相通水平总体趋于良好

民心相通指标平均分达到 10.76 分，属于"良好型"，位于中等水平。平均分低于政策沟通指标 10.97 分和设施联通指标 10.42 分；高于资金融通指标 10.37 分和贸易畅通指标 9.88 分。从总体来看，五个指标间的差异不是很大。

表 1　"一带一路"沿线国家民心相通指数 [①]

类型	排名	国家	E1 旅游活动	E2 科教交流	E3 民间往来	E 民心相通
顺畅型	1	俄罗斯	6.00	4.95	6.93	17.88
	2	泰国	4.80	4.76	7.11	16.67
	3	白俄罗斯	3.58	4.94	6.49	15.01
	4	马来西亚	3.95	4.33	6.67	14.95
	5	巴基斯坦	3.37	3.50	8.00	14.87
	6	新加坡	3.91	6.00	4.44	14.36
	7	蒙古国	3.54	4.63	5.87	14.04
良好型	8	匈牙利	3.06	4.71	6.22	13.99
	9	波兰	3.38	4.40	5.78	13.56
	10	埃及	3.90	3.33	6.22	13.46
	11	以色列	3.29	4.33	5.78	13.40
	12	印度尼西亚	4.88	3.15	5.33	13.37

[①] 依据五通指数"民心相通"一级指标得分情况，"一带一路"沿线国家可分为四类：顺畅型，14.00—20.00 分（含 14.00 分）；良好型，10.00—14.00 分（含 10.00 分）；潜力型，6.00—10.00 分（含 6.00 分）；薄弱型，6.00 分以下。

（续表）

类型	排名	国家	E1 旅游活动	E2 科教交流	E3 民间往来	E 民心相通
	13	乌克兰	3.39	4.15	5.78	13.31
	14	老挝	3.57	3.05	6.67	13.28
	15	塞尔维亚	2.19	4.60	6.22	13.01
	16	斯里兰卡	4.17	3.50	5.33	13.00
	17	菲律宾	3.91	3.67	5.33	12.92
	18	哈萨克斯坦	3.26	3.71	5.96	12.92
	19	柬埔寨	4.11	2.32	6.22	12.66
	20	阿联酋	3.82	3.94	4.89	12.64
	21	格鲁吉亚	3.45	4.06	5.07	12.57
良好型	22	伊朗	3.98	2.06	6.22	12.27
	23	孟加拉国	3.86	3.49	4.89	12.23
	24	越南	5.06	1.98	4.89	11.92
	25	罗马尼亚	2.32	4.23	5.33	11.88
	26	尼泊尔	3.79	3.39	4.44	11.62
	27	吉尔吉斯斯坦	2.38	2.98	6.22	11.58
	28	阿塞拜疆	3.63	3.91	4.00	11.54
	29	印度	3.84	4.07	3.56	11.46
	30	土耳其	3.36	3.43	4.44	11.24
	31	保加利亚	2.13	4.94	4.00	11.07
	32	乌兹别克斯坦	2.43	2.84	5.78	11.05
	33	塔吉克斯坦	1.88	3.20	5.96	11.03
	34	缅甸	4.42	1.39	4.89	10.70
	35	斯洛伐克	2.49	4.51	3.56	10.56
	36	斯洛文尼亚	1.95	5.01	3.11	10.07

（续表）

类型	排名	国家	E1 旅游活动	E2 科教交流	E3 民间往来	E 民心相通
潜力型	37	克罗地亚	2.11	4.10	3.56	9.77
	38	约旦	2.83	2.35	4.44	9.62
	39	黎巴嫩	3.16	3.34	3.11	9.60
	40	马尔代夫	3.63	0.34	5.33	9.30
	41	捷克	2.28	4.32	2.67	9.27
	42	巴林	2.31	3.78	3.11	9.20
	43	亚美尼亚	1.82	3.23	4.09	9.14
	44	土库曼斯坦	3.21	0.44	5.42	9.06
	45	黑山	1.39	4.10	3.56	9.04
	46	拉脱维亚	2.78	3.16	3.11	9.04
	47	马其顿	1.39	4.03	3.56	8.98
	48	沙特阿拉伯	2.69	3.09	3.11	8.90
	49	卡塔尔	1.64	2.76	4.44	8.85
	50	叙利亚	2.91	2.19	3.56	8.66
	51	爱沙尼亚	1.90	4.44	2.22	8.56
	52	摩尔多瓦	2.78	2.52	3.11	8.41
	53	文莱	3.35	0.99	3.56	7.90
	54	科威特	1.91	2.38	3.56	7.85
	55	立陶宛	2.44	3.12	2.22	7.78
	56	阿尔巴尼亚	1.64	3.61	2.22	7.47
	57	伊拉克	2.59	2.46	2.22	7.27
	58	波黑	1.16	2.57	3.11	6.84
	59	阿富汗	2.43	1.07	2.67	6.16
薄弱型	60	也门	1.40	2.09	2.22	5.71
	61	阿曼	1.40	1.10	3.11	5.61
	62	东帝汶	2.79	0.00	1.78	4.57
	63	不丹	1.70	0.67	0.89	3.26

（二）民心相通指标得分分布差异明显

我们从三个层面来考察民心相通指标得分的分布差异情况，即地区间差异、指标间差异和不同类型国家间差异。

其一，俄罗斯及周边地区、东南亚地区、中亚与蒙古国、南亚地区以及中东欧地区属于"良好型"，西亚北非属于"潜力型"。在俄罗斯及其周边地区的国家中，民心相通情况大致比较均衡，其中俄罗斯民心相通指标得分最高，达到17.88分。在东南亚地区，民心相通分布相对平衡，但文莱和东帝汶的民心相通指标得分偏低。中亚与蒙古国民心相通最为均衡。南亚地区民心相通指标得分分布最不均衡，其中阿富汗和不丹的民心相通指标得分偏低，分别为6.16分和3.26分。中东欧地区民心相通较为均衡，西亚北非地区总体情况最为薄弱。

表2　民心相通指标六大区域平均得分

俄罗斯及周边	东南亚	中亚与蒙古国	南亚	中东欧	西亚北非	平均得分
12.55	12.12	11.61	10.24	10.06	9.62	10.76

其二，民间往来情况优于科教交流和旅游活动，3个指标平均得分分别为4.50分、3.27分和3.00分。从民间往来来看，中亚与蒙古国、俄罗斯及周边以及东南亚地区与中国的交往相对密切。从科教交流来看，中国与中东欧、俄罗斯及周边、中亚与蒙古国合作相对较多。从旅游活动来看，中国与东南亚、俄罗斯及周边地区的往来更多。

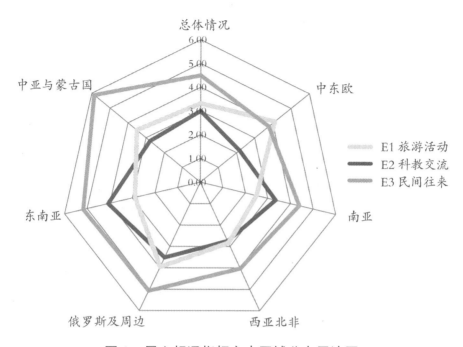

图1　民心相通指标六大区域分布雷达图

其三，从民心相通程度看，"良好型"国家数量最多，共29个。"潜力型"国家数量位居第二，共23个。"顺畅型"国家共7个。"薄弱型"国家共4个。

（三）民心相通较 2015 年有所加深

从总体来看，民心相通指标总体平均分略高于2015年，从"潜力型"为主发展到"良好型"为主。但是"顺畅型"国家的状况相比2015年有所退化。白俄罗斯、菲律宾、孟加拉国等的民心相通情况有所进展，而新加坡、印度尼西亚和印度等的情况有所恶化。

综上，2016年中国与"一带一路"沿线国家民心相通有所加深，俄罗斯及周边地区、东南亚地区民心相通情况相对良好，民间往来是民心相通的重要支柱。

二、民心相通的因果分析

中国与"一带一路"沿线国家民心相通状况存在着总体良好、地区和领域间不均衡的情况。究其原因有三点："一带一路"倡议下人文交流的加深；民间外交助力民心相通；地缘、传统、文化等因素导致了地区间发展差异。

"一带一路"倡议下人文交流的加深是民心相通构建的基础。首先，"一带一路"下国际共识的加强为民心相通提供了有力支持。截至2016年9月，已有30多个国家与中国签署了共建"一带一路"政府间合作协议。[1]而联合国和世界银行等国际组织都表示了对"一带一路"倡议的高度关注。2016年3月，联合国通过包括推进"一带一路"倡议内容的第S/2274号决议；11月，联合国大会第A/71/9号决议首次写入"一带一路"倡议，得到193个会员国的一致赞同，体现了国际社会对推进"一带一路"倡议的普遍支持。[2]其次，"一带一路"项目的落地为沿线国家民众带来经济福利。如"一带一路"在缅甸的先导项目——中缅油气管道——累计投入2300多万美元在管道沿线开展社会经济援助178个，包括学校、医院、道路、桥梁、供水、供电、通信等工程，并开展了50多项自然灾害捐赠。在管道建设期，最多同时聘用缅籍员工600多人，220多家当地企业参与建设。进入运行期以来，

---

[1] 参见石志勇《中国已和30多个国家签署共建"一带一路"政府间合作协议》，中国一带一路网，2016年9月27日。

[2] 参见《联合国大会一致通过决议呼吁各国推进"一带一路"倡议》，中华人民共和国常驻联合国代表团网站，2016年11月17日。

聘用缅籍员工达到了 800 人，占全部工作人员的七成以上。① 中柬合作的西哈努克港经济特区，已成功引入企业 109 家，92 家已生产经营，为当地提供了 1.6 万个就业岗位。② 另外，在"一带一路"下人文交流活动的开展促进了民众间的了解。除了传统的孔子学院之外，"一带一路"倡议下各类人文交流活动涌现。2016 年 9 月，"感知中国·印尼行"系列文化活动在印度尼西亚首都雅加达举办。③ 10 月，中国主题精品图书巡展开幕式和中孟媒体交流活动在孟加拉国首都达卡举办。④ 11 月，旨在加深巴基斯坦各界对中国认识和了解的"深耕友谊会"在中国驻巴基斯坦大使馆成立。⑤

民间外交的发展成为增进民心相通的重要力量。近年来，民间力量通过民间外交的形式"走出去"，加强与外部世界的交流，为"一带一路"的民心相通建设做出很大贡献。其中，各类智库加强学术交流与对话，为学者间的沟通构建平台；艺术文化的交流增多，为彼此民众了解对方文化提供窗口；民间团体对外公益事业的发展，助力中国形象的塑造；青年间交往活动的增多，在年青一代中培养良好的友谊。2016 年 8 月，第五期"中国社会科

---

① 参见《"一带一路"助力缅甸中部解决"电荒"　实现经济腾飞》，中国一带一路网，2017 年 4 月 18 日。

② 参见丁子、张志文《西港特区为柬埔寨提供 1.6 万个就业岗位　成中柬友谊之城》，中国一带一路网，2017 年 4 月 14 日。

③ 参见周檬《"感知中国·印尼行"在雅加达开幕　将推动两国人文交流》，中国一带一路网，2016 年 9 月 28 日。

④ 参见王宝锟、梁桐《中孟文化和媒体交流活动在达卡举办》，中国一带一路网，2016 年 10 月 13 日。

⑤ 参见刘天《中巴友好交流新平台　"深耕友谊会"成立》，中国一带一路网，2016 年 11 月 20 日。

学院经济发展问题国际青年学者研修班"开学典礼在中国社会科
学院研究生院举办。研修班的学员来自中国周边及拉美地区23
个国家，是中国与"一带一路"沿线国家开展的一次重要的人文
交流活动。[①]2016年3月，在第四十七届开罗国际书展上，"中
国书坊"备受瞩目，其中《习近平谈治国理政》成为热门书籍。
在书展期间，"丝路书香·中国书架"项目正式启动。[②]2016年
8月13日，中国和平发展基金会与缅甸仰光省政府签署民生合作
谅解备忘录。根据备忘录，中国和平发展基金会将在未来三年内
筹集50万美元，专项用于仰光省杜庆芝医院维修、改造、设备
升级和医护人员培训项目，以及仰光省莫比镇瑞德贡小学改建项
目。[③]首届中国—东盟青年峰会于2016年12月2—4日在北京大
学正式举行，由北京大学海洋研究院、新浪国际联合主办，中国
与东盟国家在京学生共同承办，官方代表、专家学者、东盟各国
青年学生与会。[④]此次活动由东盟学生发起，得到北京大学海洋
研究院支持，它不仅为中国与东盟青年学生的交流提供平台，也
是青年交流活动的成功典范。

　　地缘、传统、文化等因素造成了民心相通的不均衡局面。一
方面，由于地缘接近、文化、外交等因素，俄罗斯及周边地区、

---

① 参见《社科院培训"一带一路"沿线国家青年学者》，环球网，2016年8月26日。

② 参见《"一带一路"为各国加强文化交流提供新契机》，中华人民共和国国务
院新闻办公室网站，2016年3月29日。

③ 参见《昂山素季访华前夕　中联部部长访缅有何深意》，中共中央对外联络部
网站，2016年8月15日。

④ 参见《首届中国—东盟青年峰会在北大正式启动》，中国青年网，2016年12
月2日。

东南亚地区与中国民心相通状况相对更好。中俄建立了全面战略协作伙伴关系，中国也与许多东南亚国家建立了全面战略合作伙伴关系，中国还与东盟建立了战略伙伴关系。在一系列伙伴关系下，中国与这些国家开展了许多交流活动，比如"文化年""旅游年"等等。另一方面，中国周边外交的新形势为周边地区民心相通提供了良好的大环境。2016年3月，中、越、老、柬、缅、泰等澜湄流域六国领导人聚首海南，举行澜湄合作首次领导人会议。会议发布《澜沧江—湄公河合作首次领导人会议三亚宣言》和《澜沧江—湄公河国家产能合作联合声明》两份重要文件。10月，中国领导人先后访问了柬埔寨、孟加拉国，并赴印度果阿出席金砖峰会，这让中国与周边国家关系迈上新的台阶。

三、民心相通的对策分析

民心相通是"一带一路"倡议实施的最终落脚点，它既是构建"一带一路"的核心内容之一，也是"一带一路"的社会目标。民心相通始于人员、技术、文化间的交流，最终的目标在于实现人类命运共同体。相较于"五通"中的其他"四通"，民心相通的实现需要一个长期的过程，它的每一个阶段的提升都需要其他"四通"的支撑；同样，民心相通也为其他"四通"的构建创造良好的民意环境。当前民心相通构建还存在许多困难和不利条件，文化差异、对中国的误解等。另一方面，我们在推进民心相通的过程中还存在一些问题。在新的环境下，推进民心相通要"一讲，讲好'带路故事'""二创，创新思维和方式""三用，用好民间力量、专业人才和青年力量"。具体来看：

首先，讲好"带路故事"，构建"一带一路"对外话语体系。虽然，当前国际社会对"一带一路"倡议的知晓度有所提升，但是对"一带一路"倡议还是存在着一定的疑虑，包括两方面，即"一带一路"具体的措施和中国的战略意图。比如，对"命运共同体"的内核的理解。因此，我们可以以"丝路精神"为基础，通过共同的历史记忆，讲好我们的"一带一路"故事。具体来看，需要构建"一带一路"对外话语体系，综合语言习惯、文化差异等因素，用对方"听得懂的语言"来讲"带路故事"。从而树立"一带一路"倡议在国际上的话语权，进而增加中国在全球治理上的话语权。

其次，创新思维、创新方式，多方协作共推民心相通。当前我国对外民心工程中还存在许多没有具体落地的内容。如友好城市计划，虽然我国的许多城市与国外城市结成了友好城市关系，但是具体的有效促进民众交流的活动还不够。因此，涉及民心工程的各类行为主体应该创新思维，具体细化和创新民心相通的项目。包括创新活动方式，开展系列创意活动，扩大活动的民众参与度；创新宣传方式，除了传统的宣传模式外，还可以利用自媒体等新兴媒体的力量，布局系统的宣传战略，塑造中国的国际形象，提升国际社会对中国的好感度；创新主体间合作模式，打造对外民心工程的新型协作模式。

最后，鼓励民间力量、专业人才、青年成为民心相通的生力军。当前，随着"一带一路"倡议的实施，更多民间组织和力量以及青年投入到我国对外民心工程的构建中，他们逐渐成为塑造中国形象的"新大使"。因此，政府层面一方面应该多加支持民间组织和青年的"走出去"，另一方面，也可以对其提供相关的培训，避免其在"走出去"的交流过程中遇到障碍。同时，我们要加强相关专业综合型人才的培训，要培养懂语言、懂业务的国别人才。通过加强高校对"一带一路"国别人才的培养，建立相关高校联盟。创新教育模式，以基础教育和实践能力相结合的培养模式，使相关专业人才真正了解"一带一路"沿线国家，为"一带一路"倡议实施提供智力支持。

下篇 区域国别五通指数解读

第八章

"丝绸之路经济带"
五通指数解读

冯仲平

　　"一带一路"倡议在沿线国家、地区乃至世界范围内受到了极大的重视。绝大多数沿线国家支持中国的倡议，并开始谋划在该倡议框架下与中国的双边合作，也以此为契机寻求区域自身内部的合作。2017年5月，"一带一路"国际合作高峰论坛的召开，标志着"一带一路"建设已基本完成初期探索阶段，将迎来重要的发展阶段。本章结合五通指数，重点分析中亚、俄罗斯、中东欧以及欧盟等沿线国家和地区的"丝绸之路经济带"建设情况。我们认为，在中国与沿线国家共同推进"一带一路"建设中，机遇大于挑战。最大的机遇在于，各方对于发展的渴望，中国"一带一路"倡议与沿线国家发展战略的契合，各方对中国倡导的互利共赢合作模式的认可。

［作者简介］冯仲平，博士，中国现代国际关系研究院副院长、研究员、博士生导师。

一、中亚

中亚、南亚和西亚是"一带一路"建设的重点地区，而从我国新一轮对外开放以及西部开发的角度来说，中亚可谓是重中之重。哈萨克斯坦、乌兹别克斯坦、塔吉克斯坦、吉尔吉斯斯坦和土库曼斯坦等中亚五国与中国山水相连，在"丝绸之路经济带"建设中具备许多突出优势。首先，基础好。中亚国家不仅具有古丝绸之路的人文和社会基础，更重要的是通过上海合作组织，与中国建立起了紧密的全方位合作关系。"一带一路"为中国与中亚国家的经济合作注入了新的动力。由于上海合作组织成员俄罗斯、哈萨克斯坦和吉尔吉斯斯坦同时也是欧亚经济联盟成员，上海合作组织实际上完全可以在"丝绸之路经济带"和"欧亚经济联盟"对接中发挥"桥梁"和"平台"作用。中国与中亚国家良好的政治关系在五通指数得分中得到了反映。虽然中亚五国的五通指数平均得分仅55.04分，但在政策沟通这一项上中亚五国均排名靠前。其次，中亚国家发展意愿强烈。中亚国家虽然拥有丰富的油气、矿产和旅游资源，但由于地处内陆，交通不便，经济发展水平相对落后，亟待通过经济转型改善民生。再次，作为连接东亚经济圈和欧洲经济圈的重要通道，中亚地理位置重要。

近年来，中亚国家积极响应"丝绸之路经济带"建设倡议，与中国的合作不断取得进展。中国与中亚国家政府近年来高度重视双方发展战略的对接，并明确将互联互通作为合作重点。需要指出的是，尽管"丝绸之路经济带"建设在中亚开局良好，但也面临一些挑战。如中亚各国差异较大，尤其是区域内部联系薄弱，缺乏地区交通体系，不利于互联互通建设。此外，中亚国家政局和社会总体稳定，但也有潜在的风险。国际金融危机尤其是俄罗斯经济下滑以来，中亚各国普遍面临较大经济困难，失业人口飙升，政治和社会不稳定风险随之增大。安全风险是在中亚推进"一带一路"建设面临的另一挑战。中亚有多个国家与阿富汗接壤。阿富汗安全局势持续恶化，特别是其北部地区的武装冲突对塔吉克斯坦等国产生了严重的消极影响。2016 年，吉尔吉斯斯坦发生的针对中国使馆的恐怖袭击事件也引发了人们对安全的担忧。

二、俄罗斯

俄罗斯是中国的最大邻国，也是中国建设"一带一路"倡议的重要合作伙伴。中俄关系在历史上虽遭遇了不少波折，但进入新世纪以来，双方致力于构建新型合作伙伴关系。目前中俄全面战略协作伙伴关系如同俄外长拉夫罗夫所言，"处于历史最好水平"（新华社莫斯科 2017 年 1 月 26 日电）。事实上，横向比较，中俄关系的紧密程度也是其他国家难以达到的。从长远来看，中国建设"一带一路"的倡议为中俄关系发展提供了新的机遇。从俄罗斯媒体所报道的情况来看，俄国内刚开始对"一带一路"并不完全理解，担心中国在中亚国家以及欧亚地区的影响力超过俄罗斯。2015 年 5 月中俄两国元首签署《中华人民共和国与俄罗斯联邦关于丝绸之路经济带建设和欧亚经济联盟建设对接合作的联合声明》表明，两国政府在努力寻求双方的共同利益，并且找到了实现这些共同利益的途径。俄罗斯在同意与中国开展"一带一路"对接合作的同时，其外交也开始"转向东方"。所谓"转向东方"指的是，随着乌克兰危机后俄罗斯与西方关系持续紧张，俄出于国内经济发展的需要，提升了亚太地区在俄对外关系中的地位，并将发展俄西伯利亚和远东地区置于重要位置。同时，俄罗斯提出的构筑"大欧亚伙伴关系"的设想也值得重视。根据普京总统2016年6月17日在圣彼得堡国际经济论坛全体会议上所言，俄罗斯所说的"大欧亚伙伴关系"包括独联体各国、印度和中国。总之，中俄在"一带一路"建设方面存在多层次合作对接问题，既包括两国本身的发展战略对接，也包括"一带一路"与"欧亚经济联盟"的对接，以及"一带一路"与"大欧亚伙伴关系"的合作。

在"一带一路"和俄罗斯多层次对接合作的推动下，中俄在实现互联互通方面的务实合作取得新的突破。现已启动的有同江大桥、黑海公路桥、跨黑龙江索道建设等，莫斯科至喀山高铁、北极航道、贝尔卡姆尔铁道等项目正在积极筹划之中。2015年中俄双方签署的莫斯科至喀山高铁项目勘察设计合同尤其值得重视。俄罗斯地域广阔，但除了莫斯科至圣彼得堡之间的一条快速铁路外，俄境内目前还没有时速200至400公里的电气化双向铁路线。莫斯科至喀山高铁将是俄高铁项目建设的试点项目，该段铁路全长770公里，建成后从莫斯科到喀山将只需3.5小时。普京总统对中俄在高铁建设领域的合作颇有期待。2016年6月访华时他曾表示，"俄罗斯和中国在交通基础设施方面的大型项目正在落实。我们共同铺设从欧洲经俄罗斯通往亚洲的新公路，实际上是跨欧洲公路，甚至是跨欧亚公路，旨在改善这块辽阔大陆的公路交通状况"。普京同时强调，"年底前我们将商定莫斯科喀山的高铁建设问题"，并表示他此访已促进这一合作向前迈出了一步。①

三、中东欧

对于中国来说，"一带一路"建设倡议起于周边，重点无疑也在周边。中东欧虽不是中国的周边地区，但其在共建"丝绸之路经济带"方面占据着十分重要的位置。在"一带一路"沿线60多个国家中，中东欧16国占据了四分之一。中东欧也是连接欧亚大陆的主要枢纽和通往欧洲市场的门户。总体来看，中东欧国家对"丝绸之路经济带"采取了积极的态度。这虽与欧盟在欧债危机爆发以来无暇顾及中东欧国家有关，但更重要的原因在于近年来中国与该地区国家关系的急速升温。冷战结束后的较长一段时间，中东欧国家的兴趣在于回归西方，即加入北约和欧盟，以达到倚靠北约实现安全和倚靠欧盟实现发展的目的。但2008年国际金融危机以及之后不久爆发的欧债危机给中东欧造成了沉重打击，不少国家陷入严重的经济衰退，政府被迫实施财政紧缩，社会不满由此加剧。在此背景下，越来越多的中东欧国家意识到了与亚洲特别是与中国发展经济关系的重要性。这也就促成了今

---

① 参见汪嘉波《"一带一路"推动中国高铁走进俄罗斯》，《光明日报》2016年9月22日。

天人们所熟知的"16+1"合作机制的建立。实践证明，从2012年开始的每年一度的中国—中东欧国家领导人会晤对于双方的合作起到了十分重要的作用。2012年首届中国—中东欧国家领导人会晤在波兰华沙召开。该次会议上提出的加强中国与中东欧国家友好合作的十二项重要举措，极大地提振了双方合作的热情。之后，"16+1"合作机制与"一带一路"倡议日益相互促进，极大地推动了中国与该地区合作的扩展和深化。2015年11月，中国外交部副部长王超表示，经过三年多的发展，"16+1合作"日益成熟，已经奠定了稳固的基础，当前更是面临难得的发展机遇。其一，17国合作意愿高涨，积极参与"16+1合作"并投入优势资源，将为合作发展提供不竭动力。其二，2015年"一带一路"倡议进入全面落实之年，国际产能合作进入落地生根的起始之年，有助于"16+1合作"乘势而上，实现更大发展。①

尽管该机制所涵盖的16个中东欧国家中有部分国家还不是欧盟成员，但总体而言中东欧国家的共同特征还是较为明显的。其中最大的共同特征便是这些国家均处于由新兴经济体向发达经济体转变的过渡阶段。由于中国的"一带一路"倡议与中东欧国家的发展战略契合度高，加上"16+1"的机制推动，双方在"一带一路"建设方面取得了显著进展。在基础设施建设和互联互通建设方面的合作已经进入实施阶段，包括匈塞铁路以及中欧海陆快线的建设等。匈塞铁路自匈牙利首都布达佩斯至塞尔维亚首都贝尔格莱德，全长350公里，设计最高时速200公里。建成通车后，

① 参见《"16+1合作"进程中新的里程碑》，《新华日报》2015年11月24日。

两地之间的运行时间将从目前的 8 小时缩短至 3 小时以内。随着中国与中东欧"一带一路"的建设，双方贸易和相互投资取得较大进展。2014 年，中国与中东欧 16 国进出口贸易额由 2010 年的 439 亿美元增至 602 亿美元。2015 年，中国企业在中东欧国家投资超过 50 亿美元，中东欧 16 国在华投资超过 12 亿美元，投资领域更加广泛，投资形式更加多样。在中国与中东欧国家合作中，双方对合作难点的应对，也为"一带一路"倡议在其他沿线国家和地区实施提供了可以借鉴的经验。[①] 例如，针对融资问题，中国决定建立中国—中东欧协同投融资合作框架，包括设立 100 亿美元专项贷款、设立 30 亿美元规模投资基金、探索设立人民币中东欧合作基金等。

在中国与中东欧 16 国共建"一带一路"当中，塞尔维亚、匈牙利、波兰等国走在了前面。2015 年 6 月，中匈签署共建"一带一路"政府间谅解备忘录，匈牙利成为欧洲范围内首个与中国签署"一带一路"合作文件的国家。中国已成为匈牙利在欧盟以外的最大贸易伙伴，匈牙利则已成为中国在中东欧地区的最大投资目的国。匈牙利经济部长西雅尔多 2016 年 11 月访华时强调，中匈紧密合作得益于匈牙利 2010 年出台的"向东开放"政策与中国的"一带一路"构思完全一致。2015 年 11 月，波兰、塞尔维亚、捷克、保加利亚和斯洛伐克五国也分别与中国签署了政府间共同推进"一带一路"建设的谅解备忘录。

---

① 参见龙静《"一带一路"倡议在中东欧地区的机遇和挑战》，《国际观察》2016 年第 3 期。

四、欧盟

欧盟参与"一带一路"建设的情况也值得重视。这不仅因为多数中东欧国家为欧盟成员，而且欧盟正是"一带一路"所连接的发达经济圈，同时法国、德国等欧盟大国也对"一带一路"十分关注。2008 年国际金融危机以及欧债危机以来，欧盟陷入严重困境，经济增长持续低迷，社会不满助长了极右翼势力和民粹主义的高涨。因此欧盟近年来整体对与中国开展合作持积极务实的态度。2016 年，欧盟在时隔十年后出台了题为《欧盟对华新战略要素》的对华政策文件，特别强调了与中国合作对于促进欧洲经济增长、扩大就业、推动欧洲企业进入中国市场的重要性。但欧盟对与中国发展经济关系的矛盾心理比较突出，不仅负责对外贸易的欧盟委员会如此，不少成员国政府也是如此。一方面，积极推动对华出口，鼓励和欢迎中国企业在欧投资，另一方面又以安全等理由阻挠中国企业在欧洲国家的并购。2016 年，中国公司收购德国企业爱思强等受到德国政府审查，人们担心德国对于中国投资是否态度有变。这一点在有关中国"市场经济地位"问题上也得到了明显反映。

在"一带一路"建设方面，2015 年以来欧盟的态度不断趋于积极。中国与欧盟领导人在 2015 年第十七次中国—欧盟领导人会晤上做出一个十分重要的决定，即对接"一带一路"倡议和"欧洲投资计划"，包括建设中欧投资基金、互联互通、数字化、法律事务对话和便利人员往来五大合作平台。越来越多的欧洲企业开始探索将"一带一路"建设和与中国企业共同开发第三方市场联系起来。中欧携手合作开拓第三方市场，实际上是三方合作的重要理念，追求的是"三赢"的结果，即适应发展中国家基础设施建设需求、助力中国装备提质升级、推动欧洲国家扩大出口。据英国《金融时报》2017 年 2 月 20 日报道，欧盟委员会正在调查中国提供贷款的匈塞铁路的财务可行性，评估其是否违反欧盟关于大型交通项目必须公开招标的相关法律规定。鉴于匈塞铁路被视为塞尔维亚、匈牙利与中国共建"一带一路"的旗舰项目，也是中国在欧洲的首个铁路项目，欧盟委员会调查是否会让该铁路项目受阻引发了人们的广泛关注。对于在欧盟国家开展"一带一路"建设的中国企业来说，全面详细了解和评估法律制度环境至关重要。

综上所述，"一带一路"特别是"丝绸之路经济带"建设在欧亚方向总体上面临着较好的国际环境。同时，对于可能会出现的一些风险和挑战，中国和沿线国家必须高度重视并制订积极的应对方案和措施。2017 年 5 月在北京举行的"一带一路"国际合作高峰论坛取得多方面的积极效果。首先，有利于沿线国家、国际组织和机构更好地了解"一带一路"倡议的目的，即通过相互战略对接实现共同发展。其次，通过此次论坛，中国和与会各方得以思考和探索经济全球化、区域合作的新模式，推动全球经济增长，对冲当前出现的逆全球化势头。"一带一路"的好处属于所有参与国家人民，这一倡议的成功落实也有赖于沿线所有国家人民的支持和参与。

第九章

"21世纪海上丝绸之路"五通指数解读

刘　锋

古代丝绸之路开辟和记载了中外人民友好往来、繁荣商贸经济的辉煌历史，推动了东西方的沟通与交流。站在新的历史起点上，共建"21世纪海上丝绸之路"的倡议，顺应了当今经济全球化、区域经济一体化的新趋势，符合沿线各国密切经贸往来、促进合作发展的共同愿望，成为沿线国家和地区合作交流的新纽带，对国际社会将产生深远影响。

一、"21世纪海上丝绸之路"建设总体进展

2013年10月，习近平主席出访印度尼西亚时提出共建"21世纪海上丝绸之路"的倡议，得到了国际社会的广泛关注和积极响应。四年来，"21世纪海上丝绸之路"建设稳步推进，特别是围绕"五通"建设，取得了一系列有目共睹的进展。

[作者简介] 刘锋，博士，海南省海上丝绸之路研究基地研究员。

在政策沟通方面，中国与沿线国家和地区围绕共建"21 世纪海上丝绸之路"达成了一系列共识与协议，致力于构建沿线国家政府间多层次的经济发展战略、宏观经济政策、重大规划项目的对接与合作机制。截至 2016 年年末，中国已经同 60 多个国家和区域合作组织发表了对接"一带一路"倡议的联合声明，与"21 世纪海上丝绸之路"沿线 8 个国家签署了自由贸易区协定，中国与东盟国家携手推进的区域全面经济伙伴关系协定谈判正进入关键阶段。中国与东盟、亚太经合组织、南亚区域合作联盟、海合会、博鳌亚洲论坛等的多边合作机制不断取得进展，不断形成深层次、宽口径、多领域的合作新局面。2013 年以来，习近平主席先后访问了印度尼西亚、马尔代夫、斯里兰卡、新加坡等国，在多个场合都提出了共建"21 世纪海上丝绸之路"的倡议，得到了相关国家的积极响应，成为共建"21 世纪海上丝绸之路"的重要保障。

在设施联通方面，"21 世纪海上丝绸之路"着眼于港口基础设施建设，畅通陆水联运通道，加强中国与"21 世纪海上丝绸之路"沿线国家的港口群以及口岸建设，创新口岸通关机制，促进货物流通和人员往来便利化；加快推进基础设施从传统、单一的航海联系向立体的互联互通转变，包括港口、航空、高速公路、铁路、信息通信、能源基础等，加快完善海陆空及信息通道等基础设施，加强与相关国家在港口码头、物流园区、集散基地和配送中心等方面的合作，打通海上的贸易流、物流、人流、信息流通道，构建放射性、网络化的优势布局，形成海洋基础设施互联互通新格局。特别是借助海洋这个天然的大通道，将沿线东南亚、南亚、西亚北非及欧洲等各大经济板块更紧密地联系起来。

表1 "21世纪海上丝绸之路"沿线部分国家中国企业参与项目情况

地区	国家	项目名称	中方承建单位	领域	进展
东南亚	越南	海阳燃煤电厂项目	中国电力工程顾问集团有限公司	能源	正在建设
		永河水电站项目	中国能源建设集团	能源	建成投产
		河内城铁项目	中国中铁股份有限公司	交通	正在建设
	马来西亚	皇京港项目	中国电力建设集团	交通	正在建设
		东部沿海铁路项目	中国交通建设集团	交通	正在建设
	印度尼西亚	雅万高铁项目	中国中铁股份有限公司	交通	正在建设
		泗马大桥项目	中国路桥工程有限责任公司	交通	建成使用
		比通港项目	中国交通建设集团	交通	正在建设
	泰国	中泰铁路项目	中国铁建股份有限公司	交通	正在建设
	缅甸	皎漂港项目	中国中信集团	交通	正在建设
南亚	斯里兰卡	汉班托塔港项目	中国港湾工程有限责任公司	交通	建成运营
	孟加拉国	吉大港项目	中国交通建设集团	交通	建成运营
	巴基斯坦	瓜达尔港及附属设施	中国交通建设集团	交通	正在建设
		瓜达尔燃煤电站项目	中国交通建设集团	能源	正在建设
		卡拉奇—拉合尔高速公路项目	中国建筑股份有限公司	交通	正在建设
西亚北非	沙特阿拉伯	祖尔角海港项目	中国港湾工程有限责任公司	交通	建成运营
欧洲	希腊	比雷埃夫斯港项目	中国远洋运输集团	交通	正在建设

　　在贸易畅通方面，作为共建"21世纪海上丝绸之路"的"重头戏"，中国积极同沿线国家和地区共建自由贸易网络体系，进一步减少贸易壁垒和投资障碍，积极提升贸易的便利化水平；共同优化产业链、价值链、供应链和服务链，拓宽贸易领域，

促进沿线国家和地区产业互补和互动发展。例如，2006年以来，我国与"21世纪海上丝绸之路"沿线国家的贸易额年均增长18.2%，占我国对外贸易总额的比重从15%提升到20%。特别是我国企业对"21世纪海上丝绸之路"沿线国家的直接投资额年均增长44.0%，累计投资达300多亿美元。此外，中国加强与沿线国家港口合作建设，在印度尼西亚雅加达港、马来西亚皇京港、缅甸皎漂港、斯里兰卡科伦坡港、巴基斯坦瓜达尔港等推动跨境园区建设，以"资源换项目""港口特许经营权""飞地园区"等多种形式，推动大型能源和基础设施建设企业海外投资与运营，以海水养殖、渔业加工、海洋科技和海上旅游等为重点，推动建立一批临港产业园区，吸引各国企业入园投资，促进东道国现代制造业、服务业、现代农业等相关产业融合发展，形成互利共赢、安全高效的开放型经济合作体系。

表2 2016年中国与"21世纪海上丝绸之路"沿线
部分国家贸易情况

排序	国家	所属区域	进出口总额（亿美元）
1	越南	东南亚	986.8
2	马来西亚	东南亚	875.4
3	泰国	东南亚	761.9
4	新加坡	东南亚	713.2
5	印度	南亚	705.9
6	印度尼西亚	东南亚	538.3
7	菲律宾	东南亚	474.5
8	沙特阿拉伯	西亚	427.5
9	阿联酋	西亚	403.8

（续表）

排序	国家	所属区域	进出口总额（亿美元）
10	伊朗	西亚	314.9
11	土耳其	西亚	195.7
12	巴基斯坦	南亚	193.5
13	孟加拉国	南亚	153.0
14	缅甸	东南亚	123.5
15	以色列	西亚	114.3
16	埃及	北非	111.1
17	柬埔寨	东南亚	47.9
18	斯里兰卡	南亚	46.0
19	老挝	东南亚	23.5
20	也门	西亚	18.7
21	叙利亚	西亚	9.4
22	尼泊尔	南亚	8.9
23	巴林	西亚	8.7
24	文莱	东南亚	7.6
25	马尔代夫	南亚	3.3
26	东帝汶	东南亚	1.7
27	不丹	南亚	0.1

在资金融通方面，"21世纪海上丝绸之路"通过开发性金融模式，增加了海洋（港口）贸易的金融、投资功能。中国与沿线国家和地区积极深化金融合作，充分发挥丝路基金以及各国主权基金在"21世纪海上丝绸之路"重点项目建设中的资金引导作用。特别是中国人民银行与其他央行货币合作不断深化，加快本币互换和本币结算的步伐，推进亚洲货币稳定体系、投融资体系和信用体系建设，人民币跨境贸易和投资使用加速拓展。目前，

人民币离岸清算中心已在新加坡、伦敦成功试点，伴随中国对外经济交往不断深化，"21 世纪海上丝绸之路"沿线有望挖掘更多海上支点城市，将衍生出更广范围的人民币跨境使用，成为推动人民币国际化的重要力量。

在民心相通方面，"21 世纪海上丝绸之路"沿线国家历史文化不同、宗教信仰各异、政治体制多样、地缘政治复杂、经济发展水平不一，这进一步体现出民心相通的重要性。四年来，中国先后同"21 世纪海上丝绸之路"沿线国家和地区举办了一系列文化交流活动，创建诸多国际人文交流平台和品牌，全面深化科教文卫等多领域的交流往来，推动建立海陆丝绸之路城市联盟，广泛开展旅游合作、科技合作、卫生医疗合作、青年合作、党政合作和民间合作，为"21 世纪海上丝绸之路"建设奠定了坚实的民意基础。

二、"21 世纪海上丝绸之路"区域经贸合作

按照《推动共建丝绸之路经济带和 21 世纪海上丝绸之路的愿景与行动》规划，"21 世纪海上丝绸之路"以中国东南沿海等地为起点，横跨太平洋、印度洋，途经南海、马六甲海峡、孟加拉湾、阿拉伯海、波斯湾等海域，涵盖东南亚、南亚、西亚、北非等相关国家和地区，重点方向是从中国沿海港口过南海到印度洋，延伸至欧洲，其连接着中国与东南亚、南亚、西亚、北非以及欧洲等市场，覆盖几十亿人口，正日益形成中国与沿线国家和地区深度合作的新局面。

表3　在海洋领域与中国有相关合作的部分国家

区域	国家
亚洲	印度尼西亚、泰国、马来西亚、越南、斯里兰卡、马尔代夫、巴基斯坦、印度
欧洲	俄罗斯、德国、法国、英国、西班牙、比利时、希腊、冰岛
美洲	美国、加拿大
非洲	南非、坦桑尼亚
大洋洲	澳大利亚、新西兰、瓦努阿图

（一）东南亚："21世纪海上丝绸之路"重点合作区域

中国与东南亚国家的交往历史源远流长。特别是东南亚与中国地缘相近、人缘相通，经济合作互补性良好，2016年，中国与东南亚地区贸易额为4554.4亿美元，占中国与"一带一路"沿线国家贸易总额的47.8%。从地域上看，东南亚是"21世纪海上丝绸之路"的重点合作区域。

1.共建"21世纪海上丝绸之路"核心在东南亚

"21世纪海上丝绸之路"倡议能否成功推进，关键在于中国与东南亚国家的深入合作。近年来中国与东南亚国家经济合作尤为密切。2010年1月，中国与东盟自由贸易区全面建成，推动双方经济合作进一步加速。目前，中国已是印度尼西亚、马来西亚、新加坡、越南、泰国、柬埔寨等东南亚国家的最大贸易伙伴。在自然资源、资金、技术、人才、市场、产业、产品等诸多方面，中国与东南亚国家具有很强的互补性和依赖性，这一局面有利于区域内资金和产业转移，拓展更大的合作空间。

东南亚地区既有现代服务业发达的新加坡，制造业比较成熟的马来西亚、泰国，也有人力资源充沛、劳动密集型产业发展空间广阔的越南、菲律宾等国。对比而言，中国产业体系较为完善，有条件凭借市场优势、技术优势，逐步明确与沿线重点国家的纵向分工和横向合作，增强资源配置能力，推动各方在某些产业方面形成联合发展优势。经济领域的互补性将为进一步挖掘区域经济合作潜力提供新契机。

2. 中国与东南亚具有良好的经贸合作基础

中国与东南亚地区具有良好的地缘经济基础。依托海洋天然联结纽带，兼具江海联通、陆路接壤的独特地理区位优势，特别是拥有内陆国家和地区所不具备的海洋优势。区域内港口、公路、铁路、内河、口岸等交通基础设施逐步完善，中国与东南亚国家相互对接、海陆联动的国际大通道建设已初具规模。中国与东南亚国家经济发展程度不一，产业跨度大，双方经济结构有很强的互补性。经济水平和资源禀赋的差异性使得双方存在着巨大的经济合作空间，推动项目及产业跨国、跨区域合作的机会更大。

3. 中国与东南亚具有良好的人文合作基础

长期以来，通过海上丝绸之路，中国与东南亚国家已建立了密切的经济圈和人文圈，特别是东南亚国家吸纳了大量中国移民群体，且华人华侨在东南亚各国拥有较强的经济实力。如印度尼西亚占总人口3.5%的华人掌握着73%的资本，马来西亚占总人口30%的华人掌握着全国半数以上的资本，新加坡华人占总人口的74%以上，泰国占总人口10%的华人掌握着70%的上市公司资本。这些华人资本已与当地民族资本融为一体，对所在国经济运行产生广泛影响。此外，中国已成为东盟第二大游客来源地。双方的留学生已有近20万，每年的人员往来高达1500万人次。

在共建"21 世纪海上丝绸之路"的大背景下，中国与东南亚各国的合作得到明显提升。

4. 中国与东南亚国家经贸合作成就巨大

中国与东南亚国家货物贸易快速增长。目前中国是东盟最大的贸易伙伴、出口市场与进口来源地。而东盟是中国第三大贸易伙伴、第四大出口市场和第二大进口来源地。中国与东盟在 2004 年就签署了自由贸易区货物贸易协议，2005 年开始相互实施全面降税，双方贸易额大幅提升。2006 年以来，中国与东盟的货物进出口总额年均增长率为 23.5%，2015 年中国与东盟贸易额达到 4721.6 亿美元，2020 年有望达 1 万亿美元，双向投资额 2020 年有望达 1500 亿美元的目标。

5. 中国与东南亚国家经贸合作前景广阔

当前中国与东盟关系正开启"钻石十年"的新格局。中国与东南亚国家经贸合作有着广阔的机遇。通过共同建设"21 世纪海上丝绸之路"，找到双方利益的共同点和交汇点，不断推进经济整合，在包括基础设施建设在内的互联互通、投资、产业合作等多方面做出安排，促进中国与东南亚区域经济一体化建设。从 2014 年开始，中国与东盟启动中国—东盟自由贸易区升级版谈判，双方的经贸合作模式也必将发生深刻的变化。双方贸易将逐步由基于要素禀赋差异的传统产业间贸易逐步走向基于规模经济和差别产品的产业内贸易。

（二）南亚："21 世纪海上丝绸之路"经贸合作的新高地

中国与南亚国家山水相连、陆海相望，历来有着深层的经济、文化交流。近年来，中国与南亚国家的经贸合作取得了长足的发展，中国已成为南亚地区最大的贸易伙伴。中国与南亚国家合作已遍及贸易、投资、基础设施、服务等各个领域，双边及多边经贸合作基础得到了巩固和加强。

1. 南亚在"21世纪海上丝绸之路"中的地位举足轻重

南亚地区在当今海上贸易与能源运输中地位举足轻重，该区域港口众多，连接东亚、东南亚与中东、东非地区，具有重要地缘战略意义，是"21世纪海上丝绸之路"建设的重中之重。近年来，中国与南亚国家关系持续发展，正处于最活跃、最富有成效的时期。据统计，2008年以来，中国与南亚国家贸易额年均增长12.0%。2016年中国与南亚地区贸易额达1115亿美元，占中国与"一带一路"沿线国家贸易总额的11.7%。中国企业对南亚国家的投资持续快速增长，累计已超过120亿美元，中国成为南亚国家最重要的外资来源地之一。

2. 中国与南亚国家合作态势良好

中国同南亚国家的合作前景十分广泛，共同利益在增加，项目需求在增长，企业之间互通有无，扩大合作的愿望在加强。特别是南亚地区经济的重新定位、日益加快的工业化步伐、与日俱增的贸易额和随之而来对基础设施建设的迫切需求，使中国与南亚地区之间的经济互补性越来越强。

一是双边贸易稳步增长。据统计，2016年，中国与印度、巴基斯坦、孟加拉国、斯里兰卡、尼泊尔、马尔代夫、阿富汗和不丹等8个南亚区域合作联盟国家贸易总额超过千亿美元。二是工程承包合作发展迅速。南亚国家基础设施建设和投资需求规模庞大，是中国海外工程承包合作的重要市场。2016年，中国企业在南亚国家新签工程承包合同额 240 亿美元，同比增长 82.1%，主要涉及电站、通信、公路建设等领域。三是双向投资方兴未艾。2016 年，中国在南亚国家新增实际投资 8.9 亿美元，南亚国家在华实际投资 9600 万美元，同比增长 9.1%。截至 2016 年年底，中国在南亚国家直接投资存量累计 150 亿美元，南亚国家累计在华实际投资 9.5 亿美元。中国已成为南亚国家主要的外资来源国，也是南亚一些国家第一大外资来源国。四是双边自由贸易区建设高速推进。当前中国已经与巴基斯坦建成了自由贸易区，同尼泊尔启动了自由贸易协定联合可行性研究，并且正在加快推进中国—斯里兰卡、中国—马尔代夫等自由贸易区谈判。五是境外合作园区建设进展顺利。中国企业主要在南亚地区的巴基斯坦、印度、孟加拉国、斯里兰卡等国家开展合作园区建设。特别是已建成的巴基斯坦海尔—鲁巴经贸合作区发展成效显著，成为"21 世纪海上丝绸之路"项目合作的重要典范。在共建"21 世纪海上丝绸之路"的引领下，中巴经济走廊、孟中印缅经济走廊等一批重大项目正在积极推进，有力促进了南亚国家经济增长，并为深化中国与南亚区域合作提供了新的强大动力。

当然，南亚地区情况纷繁多变、错综复杂，诸多双边和地区问题悬而未决。因此，南亚地区对接"21 世纪海上丝绸之路"将涉及多种因素，包括南亚地区民众对决策过程的支持以及各国地缘政治抱负等，需要中国与南亚国家进一步加强互信、精诚合作。

（三）西亚北非："21 世纪海上丝绸之路"经贸合作潜力巨大

西亚北非地区地理位置重要，拥有连接亚欧非三大洲的独特区位优势，能源资源富集，市场潜力和人口红利十分可观。中国与西亚北非国家交往历史辉煌灿烂。自20世纪80年代以来，中国与西亚北非国家经济贸易的发展规模和速度不断提升，进入21世纪后中国与西亚北非的经贸关系持续升温，中国市场对西亚北非经济的贡献较以往更加突出。2016年，中国与西亚北非地区贸易额为2152亿美元，占中国与"一带一路"沿线国家贸易总额的22.6%，双方已经互为对方重要的贸易伙伴。

中国与西亚北非地区经济互补性很强。一方面，中国经济快速发展有利于西亚北非经济增长，中国对该地区的出口以及在该地区的工程建设和劳务输出等有利于改善当地民众的生活品质。另一方面，中国从西亚北非国家的大量进口促进了相关国家经济发展。中国经济的繁荣为西亚北非能源出口提供了广阔、稳定、持续的市场。中国与西亚北非地区在资源、资金和市场潜力方面高度互补，通过共建"21世纪海上丝绸之路"，将实现阿拉伯世界与东亚地区更高水平的经济融合，推动该地区基础设施建设、合作机制和机构建设，为经济增长、创造就业开辟新的领域。在贸易结构方面，中国的出口产品由纺织、电子、机械等向科技含量更高的产品发展；进口方面，原油、石油化工类产品的比重显著增加，合作领域从能源、基础设施向加工制造、金融、工业园区建设等方面不断拓展。

目前，共建"21世纪海上丝绸之路"已成为推进中国和西亚北非国家合作的主线，将带动双方经贸、能源、基础设施建设、高新科技等领域合作迈上新台阶，促进沿线国家各自的内部体制创新，增强内生动力，创造新的经济发展增长点。

（四）欧洲："21 世纪海上丝绸之路"经贸合作的传统重地

中欧经贸合作已有 40 多年历史，取得了互利共赢的丰硕成果，欧盟已成为中国第一大贸易伙伴、第一大技术引进来源地和重要的投资合作伙伴，中欧已经形成全面紧密的经贸关系。特别是自 2000 年以来，中国陆续与 16 个欧盟成员建立了伙伴关系，与德国、法国等建立了高度政治互信关系。欧盟连续 11 年成为中国第一大贸易伙伴，中国成为欧盟第二大贸易伙伴和第一大进口来源地，双方在投资、金融、货币、产业等各个领域展开了广泛合作。

"21 世纪海上丝绸之路"通过深化互联互通，把发达的欧洲经济圈与活跃的东亚经济圈更紧密地联结在一起，为不断扩大中欧之间的投资贸易搭建重要合作平台。在共建"21 世纪海上丝绸之路"过程中，欧盟可利用其先进的技术、资金以及管理经验加强与中国的合作。2015 年，英、法、德等 17 个欧洲国家相继加入亚洲基础设施投资银行。中欧国际交易所在法兰克福正式开业，伦敦、法兰克福、卢森堡、巴黎四大在欧人民币离岸金融中心日趋成熟，本币互换、发行人民币债券和基金等举措出台，为中国企业"走出去"提供了更好的资金支持。

中欧经济互补性不断增强。欧盟总体已经进入后工业化时期，无论在电子、航空、信息通信、生命科学、能源环境等生产性服务业领域，还是在健康管理、养老等生活性服务业领域都有独特的优势，都有先进的技术和成熟的管理经验。欧盟对华直接投资有着资本密集、技术密集等特点，对中国经济的发展、产业升级、技术进步、缓解就业压力等各个方面均有深远影响。

　　特别是，欧盟可充分利用中国近 14 亿人的服务业大市场，从参与中国现代服务业发展中受益，获得进入中国服务市场的先行者红利。中欧作为世界两大经济体，相比于中欧经济总量占世界经济总量的三分之一而言，双方贸易总量在全球贸易总量中占比仅为 1.5% 左右，中欧经贸合作还有很大拓展空间。未来五年，预计中国出境旅游人数将超过 5 亿人次，这对世界其他国家和地区意味着超过 5000 亿美元的旅游及相关服务出口。中欧之间通过提升投资贸易便利化水平，将给欧盟国家的旅游、餐饮、酒店、零售等多个行业创造更多的 GDP 和就业岗位，实现经济复苏和可持续发展。

第十章

东南亚国家五通指数解读

陈艺元

东南亚因其地理位置优势，对我国实施"一带一路"政策具有重要意义。东南亚国家是"21世纪海上丝绸之路"建设的天然伙伴和优先方向。总体而言，2016年中国与东南亚11国的五通指数平均得分为59.12分，高于"一带一路"沿线国家平均水平（52.40分），表明东南亚国家的"五通"水平整体相对较高。特别值得一提的是，新加坡和马来西亚分别以79.19分和77.24分位列第二位和第三位，排名仅次于俄罗斯。泰国、印度尼西亚、越南等7国为"良好型"国家，泰国位列第六位，排名"良好型"国家第一，也有望跃升为"顺畅型"国家。缅甸得分47.48分，排名第45位，为"潜力型"国家，有望在未来达到50.00分以上，进入"良好型"国家行列。东南亚11国中，仅有东帝汶排名第61位，为"薄弱型"国家。据五通指数聚类分析结果，"整体畅通型"的11个国家中东南亚国家最多，占5席。

与2015年相比，东南亚国家互联互通稳步发展，2016年各

［作者简介］陈艺元，博士，北京大学国际关系学院博士后、讲师，北京大学全球互联互通研究中心研究员。

国五通指数得分基本稳定，略有升降，其中越南、菲律宾排名同比下降两位，缅甸下降三位，老挝排名上升较快，上升五位。

一、政策沟通总体向好

东南亚11国在政策沟通方面的平均得分为12.09分，高于沿线国家的平均水平（10.97分），其中6个国家高于平均水平，低于平均水平的5个国家中除东帝汶以外得分也非常接近平均分。这表明中国与东南亚国家在政策沟通上与沿线各国相比处于较高水平。

中国与东南亚国家保持传统友好关系，政治互信度高。双边层面，中国同所有东南亚地区国家均建交并互设使领馆，与东南亚国家的政治和战略互信不断增进，高层互访频繁，如2016年10月中上旬，习近平主席对柬埔寨进行国事访问，两国就共同建设"一带一路"签署了31份含金量十足的合作文件。近年来中越两国领导人之间的互访频繁，还建立了领导人特使交流、两党政治局代表年度会晤以及双边合作指导委员会等机制，这些机制成为双方进行政策沟通的良好渠道。东南亚11国中除菲律宾、文莱外其余9国都是中国的伙伴关系国，中国与越南、老挝、柬埔寨、缅甸、泰国建立了全面战略合作伙伴关系，与马来西亚、印度尼西亚建立了全面战略伙伴关系，与新加坡建立了与时俱进的全方位合作伙伴关系。中国同东南亚国家之间的双边沟通合作机制丰富多样，中国与菲律宾、新加坡、缅甸、马来西亚、印度尼西亚、越南、泰国、老挝建立了副总理级政府间双边合作联委会以及经贸、科技、农业等部级和副部级合作机制。与多个国家签有共同推进"一带一路"的谅解备忘录。此外，"一带一路"倡议还与东南亚国家发展战略深入对接，"一带一路"与越南的"两廊一圈"、柬埔寨的"四角"战略、印度尼西亚"全球海洋支点"战略高度契合。

多边层面，中国与东盟建立了战略伙伴关系。"10+1"确定了农业、信息通信、人力资源开发、相互投资和湄公河流域开发五大重点合作领域；双方建立起 12 个部长级会议机制；成功打造了中国—东盟博览会、中国—东盟商务与投资峰会、中国—东盟中心等一系列合作平台，形成全方位、多层次、宽领域的合作格局。中国—东盟关系已经成为联系最广泛、成果最丰富、交往最密切的对话伙伴关系。2016 年 3 月，澜湄合作首次领导人会议在三亚成功举行，澜湄合作机制正式启动。首次领导人会议通过的 45 个早期收获项目过半已落实或正在落实，澜湄合作建设也成为"一带一路"倡议的重要平台。

但是，南海争端的长期存在一定程度上影响了中国与越南、菲律宾、马来西亚、印度尼西亚等国的政治互信，为新形势下的"21 世纪海上丝绸之路"建设造成了一定的阻力，但"一带一路"倡议的实施对南海问题的妥善处理提出了新要求，并可能带来新的机遇。中菲关系发展表现突出，杜特尔特总统上台后搁置"南海仲裁案"，致力于与中国发展经贸关系，中菲关系实现正常化，而"一带一路"正是推动双边关系发展的有力抓手。

东南亚多数国家政治环境基本稳定，但缅甸的政治风险略高，近年来，缅甸"民地武"问题不断发酵，对中国边境安全及"一带一路"的建设产生了较大影响。

表 1　中国与东南亚国家政策沟通指数得分和排名

国家	A1 政治互信	A2 合作机制	A3 政治环境	A 政策沟通得分	A 政策沟通排名
东帝汶	4.19	1.54	1.41	7.14	59
菲律宾	4.54	4.62	1.81	10.96	32
柬埔寨	8.27	4.23	2.37	14.87	5
老挝	7.24	4.23	3.17	14.65	6
马来西亚	7.60	4.23	3.46	15.29	4
缅甸	4.64	3.85	1.45	9.94	43
泰国	6.53	5.00	1.93	13.46	12
文莱	4.39	3.08	2.20	9.67	47
新加坡	5.21	3.46	5.00	13.67	9
印度尼西亚	4.64	3.85	2.45	10.94	33
越南	4.64	5.00	2.75	12.39	17

二、设施联通空间广阔

东南亚国家在设施联通方面平均得分 10.65 分，略高于沿线国家 10.42 分的平均水平，柬埔寨、菲律宾、老挝和东帝汶得分较低。

中国"一带一路"倡议与东盟《东盟互联互通总体规划2025》实现对接。2016 年中国加速推进与东南亚国家的互联互通网络建设。

　　一是交通设施联通。东南亚国家中除新加坡外基础设施普遍比较落后，中国企业利用技术和产能优势，积极支持东南亚国家发展基础设施建设，参与东南亚国家的港口、公路、铁路、机场、桥梁等项目承包建设和投资运营，促进了东南亚地区的互联互通。中老铁路、印度尼西亚雅万高铁、中泰铁路等项目先后启动。中国—东盟港口城市合作网络已投入运行，启动了港口物流信息中心、航线及航线服务项目。

　　二是通信设施联通。中国与东盟在信息通信领域已形成完善的合作机制，包括中国—东盟电信部长会议，签署了《中国—东盟信息通信合作谅解备忘录》《中国—东盟建立面向共同发展的信息通信领域伙伴关系的北京宣言》。中国—东盟电信周是双方合作的重要平台，建设东盟宽带走廊，为东南亚国家提供了高质量的宽带连接，建成东盟互联网交换网络，提高网速和降低成本。

　　三是能源设施联通。中国与东南亚邻国充分发挥能源电力的"铺路"作用，为"一带一路"其他领域的合作奠定基础、提供保障。继 2013 年中缅天然气管道全线贯通后，2016 年中缅双方就原油管道加紧谈判，2017 年投入运行，为我国油气进口在西南方向上开辟了一条重要的陆上通道。此外，中国还与越南、老挝、缅甸开展电力合作。

　　缅甸国内政治和社会转型及缅北地区局势动荡对中缅两国经贸关系发展产生较大影响，中国在缅甸的一些大型投资项目，如密松水电站、石油运输管道、莱比塘铜矿，因民众以环保、民生为由进行游行示威而受到干扰、冲击，陷入困境。

表 2　中国与东南亚国家设施联通指数得分和排名

国家	B1 交通设施	B2 通信设施	B3 能源设施	B 设施联通得分	B 设施联通排名
东帝汶	3.33	2.19	0.00	5.53	63
菲律宾	4.90	3.06	0.00	7.96	54
柬埔寨	5.72	3.55	0.00	9.28	41
老挝	4.40	2.94	0.33	7.67	56
马来西亚	7.34	5.79	2.00	15.13	3
缅甸	5.41	3.05	2.00	10.46	28
泰国	6.70	3.60	0.00	10.31	30
文莱	4.19	6.38	1.33	11.91	16
新加坡	7.51	7.32	0.00	14.83	5
印度尼西亚	6.03	2.47	2.00	10.50	27
越南	7.17	4.03	2.33	13.53	9

三、贸易畅通发展迅猛

东南亚 11 国在贸易畅通方面的平均得分为 11.77 分，高于沿线国家 9.88 分的平均水平，这充分反映了近年来中国与东盟贸易合作所取得的成果。其中新加坡和马来西亚分别以 18.53 分和 15.79 分的高分位列贸易畅通第一位和第三位。

中国—东盟自由贸易区合作。中国—东盟自由贸易区是迄今为止贸易规模最大的自由贸易区，经过 25 年发展，双方贸易额从 80 亿美元增长到 4722 亿美元，增长近 60 倍。中国连续七年成为东盟最大贸易伙伴，东盟连续五年成为中国第三大贸易伙伴。

中国—东盟贸易合作正在不断向高层次迈进，中国—东盟签署自由贸易区升级议定书于 2016 年 7 月正式生效，将深化和拓展双方的经贸合作，有力地促进双方经贸合作再上新台阶，推动实现更高水平的贸易投资自由化和便利化目标。值得一提的是，2016 年中国和越南双边贸易额增长稳定，达到 986.8 亿美元，首次超过马来西亚，成为中国在 "一带一路"沿线国家中的第一大贸易伙伴国。同时中国连续 13 年保持越南最大贸易伙伴的地位。

中国—东盟投资合作。中国与东南亚各国的相互投资快速均衡发展，累计双向投资超过 1600 亿美元。中国是东南亚柬埔寨、老挝、缅甸、印度尼西亚最大外资来源国，是马来西亚第三大投资来源国。

中国—东盟产能合作。2016 年 9 月，中国—东盟发表《中国—东盟产能合作联合声明》，推动中国—东盟产能合作升级。目前，中国企业在东南亚国家共设立了 23 个境外经贸合作区性质的投资项目。中马"两国双园"、泰中罗勇工业园、中柬西哈努克港经济特区、中越龙江工业园、中老赛色塔综合开发区等多个产业园区合作顺利推进。

中国—东南亚各国贸易存在结构不平衡问题。相比于"丝绸之路经济带"所覆盖的国家，中国与东南亚国家在经济发展上的代际差没有与中亚国家那么明显，双方经济的互补性较弱，在许多领域的竞争大于合作，我国与东盟出口商品重叠率较高。中国与东南亚各国还存在内部贸易量失衡问题，在中国与东南亚的贸易中，新加坡、马来西亚、越南就占一半以上。

表3　中国与东南亚国家贸易畅通指数得分和排名

国家	C1 畅通程度	C2 投资水平	C3 产能合作	C 贸易畅通得分	C 贸易畅通排名
东帝汶	1.87	1.51	2.48	5.87	59
菲律宾	3.39	4.57	4.20	12.16	11
柬埔寨	2.75	3.86	3.53	10.14	23
老挝	2.71	3.47	3.40	9.57	34
马来西亚	4.84	5.07	5.88	15.79	3
缅甸	3.38	2.49	3.71	9.58	33
泰国	4.75	5.13	3.21	13.09	7
文莱	3.45	3.19	4.26	10.90	18
新加坡	5.20	6.67	6.67	18.53	1
印度尼西亚	4.47	5.31	3.17	12.95	8
越南	4.69	2.93	3.26	10.88	19

四、资金融通较为顺畅

东南亚国家在资金融通方面平均得分 12.50 分，高于沿线国家的平均水平（10.37 分），总体水平较高。其中新加坡、马来西亚、印度尼西亚等 7 国得分位列前 20 名，而缅甸（6.81 分）、东帝汶（6.55 分）则排名倒数。新加坡、马来西亚、印度尼西亚等 7 国在资金融通方面得分较高，主要体现在以下几个方面：

一是货币互换合作。近年来中国与马来西亚、印度尼西亚、泰国、新加坡等东南亚国家签署了货币互换协议，扩大了双边本币互换的规模和范围，扩大了跨境贸易本币结算试点，降低了双边贸易和投资的汇率风险和结算成本。中国在马来西亚、泰国和新加坡设立了人民币清算行，在新加坡启动了离岸人民币结算业务。新加坡已取代伦敦，成为仅次于中国香港的离岸人民币结算中心。

二是投资银行合作。中国发起成立的亚洲基础设施投资银行和丝路基金，为地区基础设施互联互通、国际产能合作提供了相应的投融资服务。

三是商业银行合作。包括中国银行、中国工商银行、中国建设银行、中国农业银行和交通银行等在内的中资金融机构已进入东盟。这些金融机构不仅在新加坡、马来西亚等金融市场相对发达的国家有所作为，而且大力开拓柬埔寨、老挝、缅甸等国金融市场，在服务当地企业和个人客户的同时，为地区金融市场快速发展提供帮助，正成为东南亚地区金融行业发展的一支重要力量。中国银行（香港）在文莱开设分行，标志着中资金融机构对东盟实现全覆盖，是打造"一带一路"金融大动脉的重要举措。此外，中国—东盟银联体自成立以来，合作机制日益完善，金融合作务实有效，交流研讨不断深入，已成为中国和东盟国家之间重要的多边金融合作机制。

表 4　中国与东南亚国家资金融通指数得分和排名

国家	D1 金融合作	D2 信贷体系	D3 金融环境	D 资金融通得分	D 资金融通排名
东帝汶	1.00	3.67	1.89	6.55	53
菲律宾	4.17	4.50	4.59	13.25	15
柬埔寨	4.33	5.67	4.25	14.25	10

（续表）

国家	D1 金融合作	D2 信贷体系	D3 金融环境	D 资金融通得分	D 资金融通排名
老挝	2.67	4.42	1.94	9.02	41
马来西亚	6.00	5.96	4.11	16.07	2
缅甸	2.50	1.13	3.18	6.81	52
泰国	6.00	4.21	4.83	15.04	7
文莱	1.33	4.63	4.76	10.72	28
新加坡	6.67	6.67	4.47	17.80	1
印度尼西亚	6.00	3.92	5.22	15.14	6
越南	4.67	5.04	3.14	12.85	17

五、民心相通逐步深化

东南亚国家在民心相通方面平均得分 12.12 分，高于沿线国家的平均水平（10.76 分），总体水平较高。其中泰国在该项目上得分 16.67 分，仅次于俄罗斯（17.88 分），位列沿线所有国家第二位。

东南亚地区华人众多，华人数量超过 4000 万，中国和东南亚国家血缘相亲、人文相同，在民心相通方面具有天然的优势。

首先，科教交流日益密切。中国高校已基本开齐东盟国家官方语言课程。据统计，2016 年中国与东南亚国家互派留学生规模达到 19 万人，到 2020 年，双方互派留学生人数将双双超过 10 万。截至 2016 年 12 月 31 日，东盟 10 国共建有 31 所孔子学院、34 个孔子课堂。2016 年，中国还在新加坡设立中国文化中心，这不仅可以联系当地华人，还可以对东南亚华人形成一种辐射效应。

目前，覆盖东南亚的文化交流与合作网络已初步形成。2016年是中国—东盟教育交流年，双方举办教育交流周，签署了800份合作协议，打造了人文交流新品牌，教育合作成为一大亮点。近年来中国影视作品在东南亚传播呈现出方兴未艾的新局面，影视作品出口量明显增加。随着中国影视作品在东南亚的热播，中华文化正越来越受到东南亚民众的关注。

其次，旅游成为沟通民心的重要渠道。 中国与东盟互为最大海外旅游目的地和客源地。据2016年数据，中国是泰国、印度尼西亚、越南的最大客源国，是新加坡、柬埔寨、缅甸的第二大客源国。其中，泰国成为中国第一大出境游热门目的地，中国游客人次达875万，占泰国外国游客总量的四分之一；中国赴新加坡、越南、马来西亚的游客数量也突破了200万人次，并保持较快的增长势头；越南成为最受中国旅行者欢迎的境外旅游目的地中游客人数增长率最高的一个，较2015年增长55.19%。2017年是中国—东盟旅游合作年，中国与东南亚国家赴对方旅游游客数量有较大增长。旅游不仅给东南亚国家带来可观的旅游收入，同时也有助于增进民众直接的相互了解、文化沟通，为"一带一路"奠定坚实的民意基础。

中国与东南亚国家在"一带一路"倡议下的合作取得了一定成果，然而中国与东南亚国家（特别是存在南海争端的国家）的合作也面临着缺乏政治互信、贸易结构不平衡、多元文化冲突等问题。这些问题的解决是"一带一路"高效推进的关键。为推进政治互信，一是可以在南海问题上搁置争议，首先在低级别政治领域开展合作。二是采取先双边、后多边，以点带面的策略。三是强化非政府交流合作网络建设，开展更多学术性的、民间的文化交流，实现更加畅通的信息共享，促进双方的沟通和理解，从而为"一带一路"的推进拓宽渠道。

表5　中国与东南亚国家民心相通指数得分和排名

国家	E1 旅游活动	E2 科教交流	E3 民间往来	E 民心相通得分	E 民心相通排名
东帝汶	2.79	0.00	1.78	4.57	62
菲律宾	3.91	3.67	5.33	12.92	17
柬埔寨	4.11	2.32	6.22	12.66	19
老挝	3.57	3.05	6.67	13.28	14
马来西亚	3.95	4.33	6.67	14.95	4
缅甸	4.42	1.39	4.89	10.70	34
泰国	4.80	4.76	7.11	16.67	2
文莱	3.35	0.99	3.56	7.90	53
新加坡	3.91	6.00	4.44	14.36	6
印度尼西亚	4.88	3.15	5.33	13.37	12
越南	5.06	1.98	4.89	11.92	24

第十一章

南亚国家五通指数解读

胡仕胜

　　从五通指数总体得分情况看，中国与南亚 2016 年的"五通"水平依然较低。南亚 8 国中，不但没有一国进入榜单前 10，反而有 3 个国家位列倒数 10 名，其中不丹垫底。这充分表明，南亚地区在中国周边仍属"联通洼地"。

表 1　中国与南亚国家五通指数得分和排名

国家	政策沟通	设施联通	贸易畅通	资金融通	民心相通	五通指数得分	五通指数排名
阿富汗	7.16	5.96	5.85	7.81	6.16	32.94	60
巴基斯坦	16.14	9.07	9.62	12.01	14.87	61.72	11
不丹	4.71	6.62	5.83	6.46	3.26	26.87	63
马尔代夫	7.77	10.15	3.91	5.75	9.30	36.88	57
孟加拉国	11.27	8.15	8.76	7.99	12.23	48.40	44
尼泊尔	10.37	5.88	7.92	9.59	11.62	45.39	49
斯里兰卡	11.69	9.88	9.99	9.26	13.00	53.82	26
印度	7.39	10.86	12.17	11.84	11.46	53.73	27

　　[作者简介] 胡仕胜，博士，中国现代国际关系研究院南亚东南亚及大洋洲研究所所长、研究员、博士生导师。

南亚 8 国中，与中国"五通"水平最高者当属巴基斯坦（第 11 位）。这既是对中巴间"全天候战略合作伙伴关系"的真实诠释，也是对 2016 年中巴经济走廊建设进展明显的切实反映。作为中巴间"五通"建设大平台的中巴经济走廊在 2016 年可谓进展神速。这一年里，共有 16 个、涉及 138 亿美元的项目在建。中国已从 2013 年中巴经济走廊建设前的巴基斯坦第十六大直接投资来源国跃升为第一大投资来源国。除产业园区建设外，其余三大领域，即道路联通、瓜达尔港建设与运营、能源（主要是电站）建设均突飞猛进。巴基斯坦基础设施的原有格局正在经历深刻变化，并为今后产业园区建设提供着日益强大的物质支撑。尽管目前在暴恐袭击的侵扰下，中巴间人员往来的密度与频率仍极其有限（2016 年中巴民间往来不到 3 万人次，主要是巴商人到中国采购小商品），但中巴民间相互好感度却一直保持在高位，其他国家无出其右。这特别体现在两国网民对发展中巴友好关系的几乎一致拥护上。"国之交"在于"民相亲"，中巴关系不仅过去是、现在是、将来也会是中国周边乃至全球层面上最为牢靠的一对关系。随着中巴经济走廊建设的不断推进，两国间的"五通"，尤其是民众往来也将呈现水涨船高之势。

中国与印度间 2016 年的"五通"水平不高不低，在被评估的 63 个国家中排名第 27 位，在南亚 8 国中次于巴基斯坦和斯里兰卡。中印两国毗邻而居，且是最大人口国和最大新兴经济体，两国间的"五通"现状理应比当前排位更靠前。但实际情况总是差强人意。迄今为止，印政府对"一带一路"倡议仍公开抵触。2016 年，中巴经济走廊建设、涉巴恐嫌列入联合国制裁名单、印度加入核供应国集团（NSG）等三大问题成为中印关系的三大干扰源，且均与巴基斯坦密切相关。对中印关系而言，巴基斯坦因素已远超边界争端、贸易失衡等因素而成为最大干扰源。尽管两国民间往来2016年首次突破百万，但这与两国庞大的人口规模及出国出境游人次依然极不相称。中国2016年的出境游人次多达1.22亿，但仅约27万左右的中国公民前往印度。这种"联通"状况显然与中印间互信不足密切相关。在前述三大因素尤其是涉巴恐嫌问题的不断干扰下，加之印度教民粹主义在印度的勃兴，印度反华民意空前高涨。在可预见的将来，受印度人民党国内执政根基不断拓展的鼓舞以及在美日无底限战略拉拢的刺激下，印度莫迪政府在对华政策上势将更加自负，中印关系还会波折不断。尽管莫迪政府出于"发展优先、民生至上"的政策考虑，还会重视印中经贸关系，也会欢迎中国投资，但在任何"中国选项"可被替代的领域，新德里均会毫不犹豫地替代掉中国资本或中国产品，以期最大程度地弱化"中国存在"。新德里仍会向除巴基斯坦之外的邻国施压，阻挠其与中国推进"五通"建设。但有一点可以肯定，随着中邻"五通"程度的逐年增强，印度的干扰能量与绩效也会逐年衰减。

中国与斯里兰卡间的"五通"建设虽因2015年年初斯政府换届换人而遭受了近一年的冲击与挫折。但2016年春，中国在斯的重大项目均恢复正常建设，中国依旧是斯里兰卡互联互通建设的主力军。更重要的是，经过2015年的折腾，斯里兰卡充分认识到，中国投资将利于斯里兰卡将其在印度洋的地缘优势转化为发展优势。停顿了一年多的中斯自由贸易谈判在2016年也重新开启。假以时日，斯里兰卡有望成为中国"21世纪海上丝绸之路"的重要战略支点。此外，值得一提的是，中国现在是斯里兰卡第二大旅游市场，仅次于印度。根据斯里兰卡旅游发展局的统计，2016年总共有27万余中国游客访斯，同比增长26%。

2016年，中国与尼泊尔之间的互联互通仍出现两大可喜变化。一是中尼间两条跨境公路的震后修复已经完毕，中尼第二条公路——沙拉公路——正在成为两国间主要运输大动脉。二是两国间跨境班列的开通。2016年5月和12月，中国分别成功试运行了从兰州和从广州出发至尼泊尔的国际联运货运班列，中尼之间已搭建起一条便捷、高效的贸易通道，预示着"南亚大通道"建设的开局平顺。但在尼制宪进程尚未完结、震后重建尚未大规模启动、新德里随时准备干政等因素干扰下，2016年3月，尼时任总理奥利访华时达成的三大里程碑式协议（青藏铁路延伸至尼泊尔、中尼过境贸易安排以及中尼自由贸易区可行性研究计划）并未有效执行，中尼间的互联互通仍严重不足。例如，2016年中尼民间人员往来仅10余万人。再如，由于樟木口岸因2015年"4.25"强震而被基本遗弃，支撑了中尼贸易长达半个世纪的中尼第一条公路（也称"阿尼哥公路"）或将难再现昔日繁荣。受此严重影响，西藏外贸近两年下降近六成。除"4.25"强震外，政治因素依然是中尼两国"五通"建设的一大干扰。一方面，印度干扰无处不在，这也是尼政局过去20余年乱象纷呈的一大主因，任何尼方友华政府都要承受来自印度的高压。另一方面，"五通"建设并非尼政府近两年施政重点。2018年之前，尼政府必须完成三大任务，即新宪的再修订、多达146部法律的修订以及完成地方与中央选举。鉴此，中尼间的互联互通建设仍会延宕一段时间。

中国与孟加拉国之间物理上的互联互通虽然较弱，但两国政治关系一向紧密。2016年10月，习近平主席对孟进行了国事访问，这是中国国家元首30年来对孟的首访。两国领导人将中孟"全面合作伙伴关系"提升至"战略合作伙伴关系"。中国也积极参与孟加拉国基础设施建设，尤其是大吉大港经济特区建设，但孟中印缅经济走廊建设的停滞不前却在很大程度上影响了中孟及次区域联通建设步伐。另外，2016年，两国民间往来不足15万，占两国总人口的万分之一。人文互动显然低于政经互动。

中国与阿富汗之间的联通努力受阿安全形势不断恶化的严重冲击。迄今为止，尽管阿重建本是"一带一路"建设的应有之义，但"一带一路"建设基本上绕开了阿富汗。联合国2009年以来的阿安全形势评估报告每每都要重复这样一句话，即"今年是反恐战争开始以来阿富汗安全局势最糟糕的一年"。2016年，阿富汗的暴恐袭击在部分地区呈现激化与扩大之势。中国在阿两大标志性项目——艾娜克铜矿和中石油阿姆河盆地石油开采——均处于严重的停滞或半停滞状态，并日益成为中国在阿的"负面形象代言人"。而且，阿日趋严峻的安全形势已给"一带一路"建设所经区域，主要是中亚、南亚和西亚，构成了明显的"外溢性威胁"。不过，中阿跨境国际班列两度开进阿北部城市马扎里沙里夫是2016年中阿互联互通困境中的一抹亮丽。此外，令人可喜的是，阿富汗2016年的对外通道建设取得了不容小觑的进展。一是作为亚洲国际铁路运输走廊的重要一环、土库曼斯坦—阿富汗铁路第一期工程在年底完工。二是在印度资本的大力支持下，阿与伊朗及中亚间的"战略通道"建设稳步推进。在 2016 年 5 月 22 日、23 日访问伊朗期间，印度总理莫迪与伊朗、阿富汗两国领导人达成了次区域合作协定，印不但承诺将加快推进伊朗恰赫巴哈尔港的开发与运营，而且承诺将在资助兴建伊阿公路的基础上进一步投资修建伊阿铁路，并接入中亚地区，为阿南下印度洋及北进中亚地区提供通道便利。这在客观上为中国经由中亚地区并取道阿富汗进入印度洋提供了多一种选择。三是中南亚电网项目 CASA-1000 于 2016 年 5 月举行了正式启动仪式。这些项目建设不但利于阿富汗与南亚地区的一体化，也利于今后中国的"一带一路"与阿 2016 年 10 月公布的"青金之路"进行对接。

此外，不丹尚未与我国建交且处在印度完全掌控下，中不两国并不存在实质上的"五通"关系。马尔代夫则因其安全事务完全受制于印度而处于新德里的超强影响下，中马之间也不易深化"五通"建设。不过，2016 年中国赴马游客达 32.4 万人次，占全部赴马游客的 25.2%。中国游客已成为马尔代夫支柱产业——旅游业的主要客源与财源。然而，鉴于马接待能力的客观局限，除非引入外来资本尤其是中国资本以大兴海上旅游基础设施，否则中马民间往来不会有太大的拓展空间。

尽管 2016 年南亚在中国周边互联互通版图上仍是"最大洼地"，但这一现状正在发生着积极的变化。在这一区域，我们看到了既有中巴经济走廊在如火如荼地推进，也有印度主推的不丹、孟加拉国、印度和尼泊尔四国联通合作机制和环孟加拉湾多领域合作组织阔步向前；既有中国承建的汉班托塔港、皎漂港、科伦坡港、瓜达尔港正在发生着日新月异的变化，也有印度承建的恰赫巴哈尔港、吉大港的现代化改造在稳步迈进；既有中国与东南亚间的泛亚铁路呈现新的发展势头，也有印度"东向行动"在加快步伐。在可预见的将来，虽然印度公开参与"一带一路"建设的可能性依然不大，孟中印缅经济走廊建设也不太可能出现明显进展，印度甚至还会继续干扰其邻国与中国的互联互通建设，然而，换个思维天地阔，至少在当下的南亚地区，中印两国都在发挥大国作为，都在推进着不同的次区域一体化进程。这些努力实际上是在为中国与南亚间的"五通"建设添砖加瓦，是在为未来的区域合作奠定坚实基础。这些进展终将促进中国与南亚间的互联互通大发展。

第十二章

欧亚国家五通指数解读

丁晓星

　　欧亚地区是"一带一路"建设的重点地区，2013 年习近平主席正是在出访哈萨克斯坦期间提出共建"丝绸之路经济带"的宏大倡议。欧亚国家虽国情各有差异，但对"一带一路"总体积极，与中国密切合作，进行了深度的战略与政策对接。2016 年，中国与欧亚国家在"五通"方面均取得重要进展，从五通指数排名来看，俄罗斯在 63 个国家中高居榜首，哈萨克斯坦排名第五，蒙古国、白俄罗斯、塔吉克斯坦、格鲁吉亚、乌兹别克斯坦等国也排在前列。

表 1　中国与欧亚国家五通指数得分和排名

地区	国家	政策沟通	设施联通	贸易畅通	资金融通	民心相通	五通指数得分	五通指数排名
俄罗斯及周边	阿塞拜疆	11.10	12.33	8.97	8.66	11.54	52.60	31
	白俄罗斯	14.00	10.14	7.38	9.42	15.01	55.95	21
	俄罗斯	16.85	16.68	13.25	15.73	17.88	80.39	1
	格鲁吉亚	9.38	9.46	11.32	11.23	12.57	53.96	25
	摩尔多瓦	8.51	8.54	5.41	8.94	8.41	39.81	56

　　[作者简介] 丁晓星，博士，中国现代国际关系研究院中亚研究室主任、研究员、博士生导师。

（续表）

地区	国家	政策沟通	设施联通	贸易畅通	资金融通	民心相通	五通指数得分	五通指数排名
俄罗斯及周边	乌克兰	7.95	8.90	7.69	10.74	13.31	48.59	42
	亚美尼亚	10.42	9.14	8.52	11.36	9.14	48.57	43
中亚与蒙古国	哈萨克斯坦	16.11	14.15	12.00	15.79	12.92	70.96	5
	吉尔吉斯斯坦	12.06	8.73	10.60	9.31	11.58	52.29	33
	蒙古国	12.95	10.35	11.80	12.24	14.04	61.38	13
	塔吉克斯坦	14.07	9.30	8.46	11.72	11.03	54.58	22
	土库曼斯坦	11.85	7.72	8.96	6.43	9.06	44.02	52
	乌兹别克斯坦	13.19	11.23	9.54	8.36	11.05	53.36	29

一、俄罗斯

俄罗斯在五通指数排名中独占鳌头（80.39 分），体现出中俄战略合作的高水平。中俄 1996 年建立战略协作伙伴关系，2001 年签署《中俄睦邻友好合作条约》，2011 年建立平等信任、相互支持、共同繁荣、世代友好的全面战略协作伙伴关系，2014 年中俄全面战略协作伙伴关系进入新阶段。中俄领导人 2016 年在不同场合会晤五次。中俄建立了多个政府间合作委员会，各层级会晤频繁，战略沟通密切，因此在"政策沟通"上，俄罗斯得分 16.85 分，排名第一。中俄签署的"丝绸之路经济带"与"欧亚经济联盟"对接协议表明了俄积极参与"丝绸之路经济带"建设的立场，目前对接谈判在稳步推进之中。在务实合作领域，中俄取得了积极进展，互联互通方面，同江铁路大桥建设积极推进，黑河—布拉戈维申斯克黑龙江（阿穆尔河）大桥开工建设，中俄就合作修建莫斯科—喀山高铁项目达成协议。2016 年，中国通过石油管道、铁路等自俄进口原油 5238 万吨，俄罗斯一举超过沙特阿拉伯，成为中国原油第一大进口来源国。中俄东线天然气管道项目按计划顺利施工，预计 2019 年开始对华供气。在全球贸易疲软的背景下，2016 年中俄贸易额稳步回升，总额 695.3 亿美元，同比增长 2.2%，在中国前 10 位贸易伙伴中率先实现正增长，中俄贸易结构更趋平衡。中俄跨境电商贸易尤其活跃，俄已成为中国跨境电商第二大出口国。中俄地方合作成果丰硕，伏尔加河沿岸联邦地区与长江中上游各省区市已经签署 26 项合作协议，"两河合作"框架内共有 69 项投资项目，其中 20 多项正在实施。2016 年 11 月，中俄总理会晤后，决定成立中国东北地区与俄远东及贝加尔地区政府间合作委员会，这是两国政府间第五个合作委员会。随着俄远东开发力度的不断加大，东北地区与俄远东合作前景广阔。近年来，中俄投资合作成果显著。根据俄方统计，截至 2017 年 2 月，中国对俄累计投资已经达到 420 亿美元，成为俄第四大投资来源国。中俄在航空、航天、基础设施、科技、装备制造、农业等领域的合作持续扩大。农业合作近来成为中俄经济合作中的一抹亮色，俄对华食品出口大幅增长，同比增长 22%，中国成为俄最大的食品进口国。中俄金融合作也不断深化。2015 年年末，俄罗斯中央银行宣布将人民币纳入国家外汇储备，人民币成为被俄罗斯官方认可的储备货币。2016 年 6 月普京访华期间，中国人民银行与俄罗斯中央银行签署在俄建立人民币清算安排的合作备忘录。2017 年 3 月，在俄人民币清算行服务正式启动，这将进一步便利人民币在中俄经贸与投资中的使用，促进中俄贸易、投资与金融等领域的合作。中俄两国的人文合作也方兴未艾，中俄相互举办了国家年、语言年、旅游年、青年年。2016—2017 年为中俄"媒体合作交流年"，两国媒体展开深度合作，进一步促进民众之间的了解与友谊。中俄旅游合作尤其火热，据俄方统计，2016 年赴俄中国游客数量达 130 万人，同比增长 40%，其中"红色旅游"成为亮点，从列宁故乡到喀山大学，从六大会址到红场，从阿芙乐尔舰艇到冬宫，大量的中国游客穿梭在一条条"红色游"线路上。

二、蒙古国

蒙古国的五通指数得分排名第 13 位，蒙古国"草原之路"倡议与"一带一路"高度契合，中蒙双方就此进行密切的战略对接，全面提升双边合作水平。2014 年，中蒙俄提出共建"中蒙俄经济走廊"；2016 年 6 月，中蒙俄签署了《建设中蒙俄经济走廊规划纲要》，合作领域包括交通基础设施发展及互联互通、口岸建设和海关合作、产能与投资合作、经贸合作、人文交流合作、生态环保合作、地方及边境地区合作共七大方面。在具体项目方面，2016 年 5 月，策克口岸跨境铁路项目正式开工建设，是我国通往境外的第一条标准轨铁路。中蒙跨境经济合作区位于中蒙边界毗邻区域，紧邻二连浩特—扎门乌德边境口岸，规划总占地面积 18 平方公里，中蒙双方各 9 平方公里，将重点发展加工制造、商贸物流和现代服务业。中方一侧的基础设施项目于 2016 年 9 月开工建设。中蒙"两山"铁路（连接中国阿尔山市至蒙古国东方省乔巴山市的国际铁路）的建设也提上日程。

三、中亚

中亚地区自古便是丝绸之路上的重要通道，中亚各国在 20 世纪 90 年代也纷纷提出过"复兴丝绸之路"的设想。"一带一路"建设符合中亚国家的战略根本利益，得到了中亚国家的高度评价和积极支持。从五通指数排名看，哈萨克斯坦总排名第五（70.96 分），其他中亚国家也排名靠前。在政策沟通层面，中国与中亚国家战略互信水平高，高层交流频繁，中国与中亚五国均建立起战略伙伴关系，在中亚形成了"战略伙伴区"，这在中国周边地区绝无仅有。中哈签署了"丝绸之路经济带"与"光明之路"新经济政策对接合作规划，旨在提升两国互联互通水平，推动投资贸易发展。乌兹别克斯坦、塔吉克斯坦等中亚国家也是首批与中国签署"一带一路"合作协议的国家，因此这两国的五通指数得分都相对较高。需要指出的是，乌兹别克斯坦在 2016 年顺利实现了政权交接，新总统米尔济约耶夫上台后，锐意改革，扩大开放，也将有利于"一带一路"在中亚地区的建设。

当前，中国与中亚国家的互联互通日益顺畅。哈萨克斯坦位于欧亚大陆的中心，力图借"一带一路"建设成为"欧亚大陆的交通与物流中心"。在中企的参与下，2016 年，双西公路（欧洲西部—中国西部高速公路）哈境内 2800 多公里公路竣工，极大促进了欧亚大陆的公路运输。"一带一路"倡议提出以来，经哈萨克斯坦过境的中欧班列呈井喷式增长，目前中国通过哈萨克斯坦已有两条向西铁路大通道，大部分中欧班列过境哈萨克斯坦。而中哈（连云港）物流合作项目则使哈获得了通往亚太地区的出海口。2017年2月，一列装载720吨小麦的火车从哈萨克斯坦出发，经阿拉山口到达连云港，哈通过该物流基地实现向东南亚出口。2016年2月底，中铁隧道集团帮助乌兹别克斯坦修建的长达19公里的卡姆奇克铁路隧道正式完工，成为安格连—帕普铁路的重要组成部分；该工程难度大，技术要求高，得到了乌民众的广泛赞誉，已成为中铁隧道集团在中亚的"名片"。同年8月，连接塔吉克斯坦中南部的瓦赫达特—亚湾铁路正式通车，这条铁路是中企在中亚建成的首条铁路，对促进塔国内经济发展和民生改善具有重要作用。中企在吉尔吉斯斯坦修建了达特卡—克明输变电项目，帮助吉修建了多条公路、桥梁，正在加紧修建吉南北公路2期，中吉乌三国积极推进中—吉—乌铁路项目。土库曼斯坦对"一带一路"态度积极。土加快基础设施建设，已建成哈萨克斯坦—土库曼斯坦—伊朗铁路，并加快建设土库曼斯坦—阿富汗—塔吉克斯坦铁路，推进中亚—西亚交通走廊。土通过中国—中亚天然气管道向中国累计出口天然气1700多亿立方米。

在经济合作方面，中哈之间达成总额260多亿美元的50多个产能合作项目，为保障项目顺利落实，中哈专门成立了产能合作基金。2017年年初，哈总统纳扎尔巴耶夫在国情咨文中提出实现"第三次现代化"的任务，其中特别强调了中哈产能合作的重要性。中哈霍尔果斯国际边境合作中心不断发展，总面积5.28平方公里，实行封闭管理。主要功能是贸易洽谈、商品展示和销售、仓储运输、宾馆饭店、商业服务设施、金融服务等。中国累计对乌兹别克斯坦的投资和贷款总额超过 76 亿美元。中国已成为乌第一大投资来源国和第二大贸易伙伴，并连续多年保持乌棉花、天然气主要出口国地位。在乌经营的中国企业约 700 家，涵盖能源、化工、基础设施、工业园区、农业、电信、纺织、水利灌溉等众多产业，其中位于锡尔河州的鹏盛工业园区规模不断扩大，为乌创造了多个就业岗位，成为两国工业投资合作的样板。中国是塔吉克斯坦的主要贸易伙伴和第一大投资来源国，中企在塔实施多个工业及基础设施项目，有力地促进了塔经济发展。如杜尚别热电二期项目，缓解了塔首都用电紧张问题，使民众切切实实感受到了"一带一路"建设的好处。

四、白俄罗斯、乌克兰、摩尔多瓦

白俄罗斯、乌克兰、摩尔多瓦三国分列五通指数排名第 21、42、56 位。

白俄罗斯积极参与"一带一路"建设。当前，中白合作的重点是共同建设被誉为"丝绸之路经济带上的明珠"的中白工业园。该园区总用地 91.5 平方公里，定位高端，将集中于电子信息、生物医药、精细化工、高端制造、物流仓储等产业。白俄罗斯高度重视园区建设，总统卢卡申科签署专门总统令，以国家最高立法的形式规定了入园企业在税收、土地等方面享有的优惠政策。企业所得税采取"十免十减半"政策，即前十年免收所得税，后十年减半征收。2016 年，园区一期 3.5 平方公里起步区"七通一平"及配套基础设施已基本建成，接待了上百个前来考察的团组，已有 20 多家企业表达入园意向。

乌克兰地理位置重要，发展潜力巨大。虽然乌克兰危机和乌克兰国内政局影响削弱了其在"一带一路"建设中的作用，排名仅在第 42 位，但乌克兰对"一带一路"态度积极，希望通过"一带一路"建设全面提升中乌合作水平。2016 年，中乌在农业、科技、物流、金融、电子商务等领域的务实合作逐步展开。乌克兰积极打通通向中国的物流通道，2016 年年初，乌克兰—格鲁吉亚—阿塞拜疆—哈萨克斯坦—中国集装箱专列试运行。乌克兰为吸引中国游客，实行了落地签政策，乌克兰正在成为中国游客境外游的"新宠"。

摩尔多瓦的五通指数排名相对靠后，仅列第 56 名，可以说是"一带一路"建设在欧亚地区的空白点。事实上，摩尔多瓦具有很强的区位优势。摩地处东西欧的结合部，与欧盟签署了自由贸易协定，加入了独联体自由贸易区，意味着在摩生产的产品可自由进入欧盟和独联体市场。且摩自然条件好，劳动力资源丰富。摩尔多瓦发展愿望强烈，希望中方企业能到摩投资兴业。但中企对摩尔多瓦投资很少。究其原因，一是近年来摩尔多瓦政局动荡，长期陷于政治危机，影响了中企的投资积极性。二是摩尔多瓦长期处于欧盟与俄罗斯地缘争夺的阴影之下，纠结于"向东向西"的问题。摩尔多瓦与欧盟签署自由贸易协定后，俄对摩尔多瓦产品进行了限制，导致摩尔多瓦对俄葡萄酒、农产品出口下降，损害了摩尔多瓦经济。三是中企对摩尔多瓦的国情、营商环境并不了解。2016 年年底，多东出任摩尔多瓦新总统，奉行更为平衡的外交政策，如摩尔多瓦政局能趋于稳定，相信随着"一带一路"

建设的推进，会有大量的中企赴摩尔多瓦投资。

五、格鲁吉亚、阿塞拜疆、亚美尼亚

南高加索三国——格鲁吉亚、阿塞拜疆和亚美尼亚分列五通指数排名的第25、31和43位。南高加索地处欧亚大陆的十字路口，介于里海与黑海之间，自古便是丝绸之路的必经之地，对"一带一路"态度积极。

格鲁吉亚近年来政局趋于稳定，投资环境不断改善，与欧盟签署了联系国协定，对外贸易渠道畅通。近年来，中格经济合作不断扩大，中国已成为格鲁吉亚第五大贸易伙伴和最大的投资来源国之一，中国迅速上升为格鲁吉亚葡萄酒的第二大出口国。格鲁吉亚旅游资源丰富，2016年共接待外国游客635万人次，旅游收入20亿美元，中格旅游合作前景广阔。2016年，中格合作最大的亮点是中格实质性地结束了关于建立自由贸易区的谈判，中格自由贸易区于2017年正式启动，这是中国与欧亚国家签署的第一份自由贸易区协定，具有标志性意义。

阿塞拜疆能源资源丰富，但受国际油价大跌的影响，近年来经济陷入困境。阿塞拜疆将"一带一路"视为实现经济多元化的重要途径，拟大力发展交通及物流业。阿塞拜疆积极发展南北、东西交通大走廊。南北走廊建成后，经阿塞拜疆境内的货物运输量可达1000万吨；东西走廊建成后，货物运输量可达3000万吨。这将极大地挖掘阿塞拜疆过境运输潜力。建设多年的巴库—第比利斯—卡尔斯铁路于2017年通车，该铁路全长832公里，连接阿塞拜疆、格鲁吉亚和土耳其，年运输能力达 1700 万吨，未来通过巴库港与哈萨克斯坦、土库曼斯坦形成铁路与渡轮联运，构建连接欧亚大陆东西部又一重要通道。

亚美尼亚在南高加索三国中处境最为艰难。地缘上向西受土耳其的封锁，向东与阿塞拜疆为敌，且近年来经济停滞，2016 年 GDP 仅增长 0.2%。亚中关系顺利发展，中国多年来一直是亚美尼亚第二大贸易伙伴。亚美尼亚迫切地希望借"一带一路"的东风，发展互联互通，促进经济发展，改善民生。

总体来看，欧亚国家对华友好，参与"一带一路"建设的态度积极，在"一带一路"框架下的合作已取得较大进展。未来，中国应和欧亚国家在平等合作、互利共赢的基础上，稳步扎实地共同推动"一带一路"建设。但也应看到，欧亚地区一些国家仍存在着政局动荡、政策多变、营商环境欠佳、腐败盛行、安全风险上升等问题，在个别国家，"中国威胁论"仍有市场，民众对"一带一路"也存有不少误解，这些问题都是中企进入东道国所必须直面的。

第十三章

中东欧国家五通指数解读

张 健

从五通指数得分情况来看，中东欧国家中 8 国属于"良好型"、8 国属于"潜力型"，平均得分为 50.81 分，略逊于沿线国家平均水平（52.40 分），整体态势属"良好型"。中东欧国家中，没有"顺畅型"和"薄弱型"国家，"五通"程度在"一带一路"沿线国家中属中间水平。

与 2015 年相比，中东欧互联互通发展迅速。一是在沿线国家中上升态势明显。2016 年，中东欧 16 国中的 13 国五通指数排名上升，其中波兰、斯洛伐克和立陶宛排名上升明显，分别较 2015 年上升 7、6、5 位。虽然罗马尼亚、匈牙利和黑山分别较 2015 年下降 3、2、1 位，但降幅不大。二是部分国家实现跨越式发展。捷克、斯洛伐克、保加利亚与爱沙尼亚从"潜力型"国家上升为"良好型"国家，立陶宛（49.70 分）和拉脱维亚（49.18 分）也有潜力在短时间内突破 50.00 分，进入"良好型"国家行列。

［作者简介］张健，博士，中国现代国际关系研究院欧洲研究所所长、研究员、博士生导师。

一、政策沟通发展迅速

在政策沟通领域，中东欧国家平均得分为 10.79 分，略低于沿线国家平均水平（10.97 分）。其中，"良好型"和"潜力型"国家分别为 9 个和 7 个，"潜力型"国家得分在 9.29—9.97 分之间，有较大可能上升为"良好型"。

中东欧地区政策沟通领域相对薄弱，主要有三大原因：

一是历史欠账较多。与周边国家不同，历史上中国与中东欧国家往来并不密切。1949 年以后，中东欧国家虽纷纷与我国建交，助我国打破外交孤立局面，但冷战期间，中东欧国家受制于中苏交恶而对华疏远。在冷战后转型时期，意识形态剧变成为这些国家发展对华关系的障碍。长期对华友好国家仅塞尔维亚和罗马尼亚两国。自 2012 年中国与中东欧国家的"16+1"合作机制开启后，中国与该地区国家双边及多边关系得到较大改观。

二是政策沟通机制网络处于"构架期"。"16+1"合作机制创立前，中国并非中东欧国家主要外贸伙伴、投资来源国及外交优先伙伴，因此各领域合作机制网络需要逐步建构和完善，双边政策沟通主要体现在外交、商务部门层面，地方、政党、友好协会等来往仍有提升空间，旅游、能源、文化、医疗等领域可签署更多双边及多边合作文件。

三是小国较少受到关注。7 个"潜力型"中东欧国家分别是 5 个巴尔干国家和 2 个波罗的海国家。相较大国或周边国家而言，双方领导人鲜有互访，合作土壤不深，政府机构及民间认知程度较小，政策沟通水平有待发掘。

中国与中东欧国家促进政策沟通的主要动力：一是"16+1"合作机制。"16+1"合作机制创立以来，中国—中东欧国家领导人会晤已举办了五届，发表了系列纲领性文件，涵盖了各个合作领域。二是中国与中东欧主要国家互动。2016年，习近平主席先后访问了捷克、波兰、塞尔维亚，中国与捷克建立战略伙伴关系，与波兰、塞尔维亚建立全面战略伙伴关系。匈牙利、捷克与中国签署共同推进"一带一路"建设的谅解备忘录。

表1　中国与中东欧国家政策沟通指数得分和排名

国家	A1 政治互信	A2 合作机制	A3 政治环境	A 政策沟通得分	A 政策沟通排名
阿尔巴尼亚	5.38	1.92	2.53	9.83	44
爱沙尼亚	4.97	2.50	3.35	10.83	35
保加利亚	6.25	2.12	2.42	10.78	36
波黑	5.94	1.54	1.81	9.29	51
波兰	5.79	2.88	2.92	11.59	24
黑山	5.36	1.54	2.69	9.59	48
捷克	6.73	2.88	2.96	12.57	16
克罗地亚	5.87	1.54	2.27	9.67	46
拉脱维亚	5.36	2.12	2.50	9.97	42
立陶宛	4.59	2.12	3.06	9.77	45
罗马尼亚	7.40	2.88	1.50	11.78	21
马其顿	5.18	1.92	2.37	9.47	49
塞尔维亚	9.23	1.92	2.32	13.47	11
斯洛伐克	5.00	2.50	2.57	10.07	41
斯洛文尼亚	4.97	2.50	2.92	10.40	38
匈牙利	8.44	2.50	2.69	13.63	10

二、设施联通基础较好

在设施联通领域，中东欧国家平均得分为 10.78 分，略高于沿线国家平均水平（10.42 分）。其中，捷克属于"顺畅型"国家，而"良好型"和"潜力型"国家分别为 8 个和 7 个，"潜力型"国家除波黑外，得分均在 9.10—9.96 分之间，有较大可能上升为"良好型"。

中东欧国家设施联通水平较高体现在：一是设施基础较好。除西巴尔干国家外，中东欧经济社会发展水平普遍位于"一带一路"沿线国家前列。欧盟国家得到欧盟结构基金、欧洲投资银行等援助，进一步追赶西欧设施建设水平，其互联网软硬件设施和整体基础设施水平均得分较高。多条中欧班列途经中东欧国家，极大提升双方交通畅通程度，"蓉欧"（成都—罗兹）、"苏满欧"（苏州—华沙）班列的终点站就在波兰。二是重大项目持续推进。基础设施合作是"16+1"合作机制主要亮点之一，塞尔维亚贝尔格莱德跨多瑙河大桥成为"16+1"合作的标志性项目。波黑斯坦纳瑞火车站和 E763 高速公路、马其顿两条高速公路、黑山南北高速公路、匈塞铁路正在进行中。此外，北京与华沙、布达佩斯和布拉格三地开通直航也带动了中国与波、匈、捷三国交通联通水平。

中东欧国家设施联通领域的主要不足在于：一是大部分国家处于交通"盲点区"。除捷克、波兰和斯洛伐克外，绝大多数中东欧国家同中国双边交通设施联通水平薄弱，波黑甚至与中国毫无联通。二是能源设施薄弱。中东欧国家能源设施与中国联通处于空白状态。

表 2　中国与中东欧国家设施联通指数得分和排名

国家	B1 交通设施	B2 通信设施	B3 能源设施	B 设施联通得分	B 设施联通排名
阿尔巴尼亚	4.19	4.95	0.00	9.14	43
爱沙尼亚	5.04	6.93	0.00	11.96	15
保加利亚	4.04	5.92	0.00	9.96	35
波黑	2.46	5.01	0.00	7.47	58
波兰	5.56	6.28	0.00	11.84	18
黑山	3.65	5.58	0.00	9.23	42
捷克	7.50	7.29	0.00	14.79	6
克罗地亚	4.50	6.34	0.00	10.84	26
拉脱维亚	4.42	7.23	0.00	11.65	19
立陶宛	4.96	6.39	0.00	11.35	21
罗马尼亚	3.65	5.89	0.00	9.55	37
马其顿	4.19	5.18	0.00	9.37	39
塞尔维亚	3.50	5.61	0.00	9.10	45
斯洛伐克	5.72	8.00	0.00	13.72	8
斯洛文尼亚	4.57	7.03	0.00	11.61	20
匈牙利	4.50	6.43	0.00	10.93	24

三、贸易畅通有待增强

中东欧国家贸易畅通平均得分为 9.11 分，低于沿线国家平均水平（9.88 分），总体属于"潜力型"水平。其中，仅波兰、捷克两国处于"良好型"水平。虽然中国与中东欧之间贸易额近年增长迅速，但贸易畅通水平尚有较大提升空间。

一是中东欧贸易便利化程度较低。中国与中东欧国家现有经贸互惠水平基本处于世界贸易组织的最惠国待遇层面。产品通关、检验标准仍有待确立，如中国和中东欧国家输华动植物产品检验检疫相关议定协议仍在谈判中，部分便利措施实施范围仅限于少数国家。二是产能合作有待促进。近年来，中国对中东欧投资多为收购、并购，以基础设施、能源、服务、旅游等领域为主，另有华为等中国企业在当地设立服务中心等，产能合作与绿地投资较少。此外，中东欧国家对华贸易多为逆差，波兰每年对华贸易逆差甚至高达 117 亿美元，这可能会影响经贸畅通，各国政府大多希望"中国努力改变这一现状"。

表3　中国与中东欧国家贸易畅通指数得分和排名

国家	C1 畅通程度	C2 投资水平	C3 产能合作	C 贸易畅通得分	C 贸易畅通排名
阿尔巴尼亚	3.54	1.87	2.80	8.21	49
爱沙尼亚	4.27	2.28	2.00	8.55	44
保加利亚	4.24	2.94	2.30	9.48	36
波黑	3.30	1.87	2.73	7.89	54
波兰	4.81	4.19	2.99	11.99	13
黑山	3.19	0.98	2.38	6.55	58
捷克	5.11	3.33	2.33	10.77	21
克罗地亚	4.03	2.34	1.95	8.33	48
拉脱维亚	4.32	1.87	2.70	8.88	42
立陶宛	4.07	2.49	3.12	9.68	31
罗马尼亚	4.62	2.40	2.69	9.71	30
马其顿	3.47	1.87	3.90	9.24	37
塞尔维亚	3.86	2.40	2.70	8.96	39
斯洛伐克	4.66	3.78	1.33	9.78	27
斯洛文尼亚	4.35	2.14	1.47	7.96	50
匈牙利	4.80	3.54	1.48	9.82	26

四、资金融通差异显著

中东欧国家资金融通平均得分为 10.06 分，略低于沿线国家平均水平（10.37 分），总体态势良好。其中，匈牙利和波兰属于"顺畅型"国家，而"良好型"和"潜力型"国家分别有 5 个和 8 个，斯洛文尼亚属于"薄弱型"国家。这显示中东欧国家在资金融通领域有巨大发展差异。

匈牙利、波兰两国资金融通通畅体现在以下方面：一是金融合作水平较高。匈、波是中东欧国家中加入亚洲基础设施投资银行的国家，波兰为中东欧唯一创始成员国。中匈 2013 年实现本币互换，2015 年，匈牙利银行宣布启动"布达佩斯人民币倡议"，通过与国际清算银行合作的方式购买少量中国国债。中国人民银行与匈牙利中央银行签署了在匈牙利建立人民币清算安排的合作备忘录和《中国人民银行代理匈牙利央行投资中国银行间债券市场的代理投资协议》。二是中资银行在两国已建立业务网络。中国银行、中国工商银行与国家开发银行三家中资银行在波兰设立分支机构，开展外币存贷款、汇款、外汇买卖、贸易融资等业务。2014 年，中国银行在匈牙利正式设立分行，业务重点为大额贷款。2017 年，中国银行在匈牙利发行中匈双币信用卡。

中东欧"潜力型"和"薄弱型"国家资金融通主要面临以下问题：一是信贷便利程度和金融市场发育程度较低。巴尔干国家国内金融体系仍处于发展阶段。二是金融稳定程度较低。除了波兰、匈牙利、捷克等中东欧大国，大多数中东欧国家出口竞争力弱，工业产品依赖进口，致使经常账户"赤字"，外汇储备规模较小，金融稳定性弱。三是中东欧国家国内市场狭小，中资银行开展业务意愿较低。

表 4　中国与中东欧国家资金融通指数得分和排名

国家	D1 金融合作	D2 信贷体系	D3 金融环境	D 资金融通得分	D 资金融通排名
阿尔巴尼亚	1.67	4.13	3.94	9.73	34
爱沙尼亚	0.00	6.46	3.73	10.19	31
保加利亚	0.00	5.75	4.65	10.40	30
波黑	0.00	4.83	3.82	8.66	44
波兰	3.67	5.25	5.18	14.10	12
黑山	0.00	5.67	2.61	8.27	47
捷克	1.67	5.75	5.57	12.99	16
克罗地亚	0.00	4.42	3.44	7.86	49
拉脱维亚	0.00	5.67	3.97	9.64	35
立陶宛	1.67	5.75	3.71	11.13	26
罗马尼亚	0.00	6.38	4.85	11.23	25
马其顿	0.00	6.17	3.58	9.75	33
塞尔维亚	1.67	3.42	3.34	8.42	45
斯洛伐克	0.00	4.83	4.44	9.27	39
斯洛文尼亚	0.00	2.88	2.13	5.01	61
匈牙利	4.17	5.96	4.26	14.39	9

五、民心相通仍有发展空间

中东欧国家民心相通平均得分为 10.06 分，略低于沿线国家平均水平（10.76 分），总体态势良好。"良好型"和"潜力型"

国家分别有 7 个和 9 个，匈牙利、波兰和塞尔维亚得分分别为 13.99 分、13.56 分和 13.01 分，有发展为"顺畅型"国家的潜力。

匈牙利、波兰和塞尔维亚三国民心相通程度较高主要体现在：一是旅游的促进作用。近年来，三国成为中国游客赴欧洲旅游热门目的地。二是人文交流密切。截至 2016 年 12 月 31 日，中国在波兰、匈牙利、塞尔维亚分别设有 5、4、2 所孔子学院，同时各设有 2 个孔子课堂，匈牙利、塞尔维亚在华建有文化中心。中波、中匈自 2012 年以来多次互办文化展览和文艺团体演出活动。中塞签署多个文化教育合作备忘录。匈牙利科学院、雅典娜地缘政治研究所、欧洲"一带一路"经济与文化合作发展促进会等匈牙利智库积极研究和宣介中国经济和"一带一路"倡议。三是认同感较强。中国、波兰、塞尔维亚同为历史上饱受外国侵略的国家，爱国主义情怀成为民众间认同纽带。2016 年，习近平主席对波兰、塞尔维亚两国的成功访问带动了中波、中塞两国民众的相互认同，增进了彼此了解。

民心相通指数较低的国家面临的主要问题是：一是意识形态问题阻碍。捷克、斯洛伐克和波罗的海国家对中国社会政治制度存有较大偏见，加之西方媒体对中国的歪曲宣传，使中国在当地民众心中形象不佳。二是文化交流薄弱。中东欧小国与中国互办文化展览与演出次数较少，双方高校、智库间的学术交流与联合研究仍主要重视欧美同行，合作力度有待加强。三是旅游合作受签证问题限制。多数中东欧国家对华提供签证便利化服务不高，北京以外发放签证网点较少。

表 5　中国与中东欧国家民心相通指数得分和排名

国家	E1 旅游活动	E2 科教交流	E3 民间往来	E 民心相通得分	E 民心相通排名
阿尔巴尼亚	1.64	3.61	2.22	7.47	56
爱沙尼亚	1.90	4.44	2.22	8.56	51
保加利亚	2.13	4.94	4.00	11.07	31
波黑	1.16	2.57	3.11	6.84	58
波兰	3.38	4.40	5.78	13.56	9
黑山	1.39	4.10	3.56	9.04	45
捷克	2.28	4.32	2.67	9.27	41
克罗地亚	2.11	4.10	3.56	9.77	37
拉脱维亚	2.78	3.16	3.11	9.04	46
立陶宛	2.44	3.12	2.22	7.78	55
罗马尼亚	2.32	4.23	5.33	11.88	25
马其顿	1.39	4.03	3.56	8.98	47
塞尔维亚	2.19	4.60	6.22	13.01	15
斯洛伐克	2.49	4.51	3.56	10.56	35
斯洛文尼亚	1.95	5.01	3.11	10.07	36
匈牙利	3.06	4.71	6.22	13.99	8

第十四章

西亚北非国家五通指数解读

廖百智

　　西亚北非15国的五通指数得分呈现三大特点：一是整体分数偏低。平均得分仅50.78分，低于沿线国家平均水平（52.40分）。尽管从分值上看仍属于"良好型"，但基本处于该类型分数段最低点，表明与其他地区相比，西亚北非国家的"五通"情况稍显落后。二是表现严重不平衡。15个国家涵盖所有类型，其中9国为中游的"良好型"，4国属于"潜力型"，表现最好的国家阿联酋分数达73.03分，在"顺畅型"国家中排名第四位，但排名第62位的也门是仅有的3个"薄弱型"国家之一，显示出西亚北非各国水平不一、特点各异，基本上不能作为统一整体对待。三是排名普遍下滑。除阿联酋、卡塔尔、科威特和叙利亚4国排名与2015年相同外，仅有阿曼和以色列排名分别上升7位和3位，其余9国排名均有不同程度下滑，尤以巴林、伊朗、埃及和沙特阿拉伯为最，分别下降6、6、5、4位。

　　［作者简介］廖百智，博士，中国现代国际关系研究院中东研究所副所长、研究员。

一、政策沟通有待加强

西亚北非 15 国在政策沟通方面的平均得分仅 10.02 分，低于沿线国家的平均水平（10.97 分），即便得分最高的阿联酋也只有 12.83 分，也门则在所有 63 个国家中分值最低（仅 4.70 分）。

实际上，中国与西亚北非国家的沟通机制建设较好。

一是双边层面。中国同所有西亚北非地区国家均建交并互设使领馆，与部分国家还有外交、经贸、文化和军事层面的定期交流，且级别较高，如沙特阿拉伯负责与中方交流的高级经济委员会由其副王储牵头成立。中国同埃及、沙特阿拉伯、伊朗签有全面战略伙伴关系，与阿联酋、卡塔尔、伊拉克为战略伙伴关系，与土耳其为战略合作关系，与多个国家签有共同推进"一带一路"的谅解备忘录。埃及甚至成立总理挂帅的"中国小组"，专门解决两国合作中面临的问题。

二是多边层面。2004 年成立的中国—阿拉伯国家合作论坛，每年举行高官委员会会议，每两年召开部长级会议和企业家大会、文明对话研讨会、友好大会、能源合作大会、新闻合作论坛等。2000 年成立的中非合作论坛也涵盖了部分北非国家。此外，中国还同海合会有战略对话机制等。

三是特使机制。包括中东问题特使、叙利亚问题特使等。

但是，2011 年以来的地区乱局对中国与部分国家的政策沟通产生很大影响。如也门陷于南北战争且"基地"组织等伊斯兰极端武装肆虐、土耳其爆发未遂军事政变并引发政府大规模清洗、叙利亚内战持续、伊拉克反恐形势严峻战火仍未停息、黎巴嫩各派争斗不休以至于连续 45 次推迟总统选举等，不但让各国陷于动荡或政局不稳风险增大，也让政府的公信力和法律有效性受到冲击，部分国家甚至完全无法进行高层沟通（特别是叙利亚和黎巴嫩），因而这些国家得分普遍低于 10.00 分。相比之下，阿联酋、卡塔尔等海湾六国及埃及、约旦、以色列和伊朗等国政局稳定、双边高层交往频繁，特别是 2016 年习近平主席首访沙特阿拉伯、埃及和伊朗等西亚北非三国后收效明显，令这些国家得分普遍高于平均得分。不过，也要看到，由于沙特阿拉伯、卡塔尔在叙利亚和伊朗核问题上与中国存在分歧，土耳其与中国在"东突"问题上有矛盾，一定程度上影响到了双方的政策沟通。

表 1　中国与西亚北非国家政策沟通指数得分和排名

国家	A1 政治互信	A2 合作机制	A3 政治环境	A 政策沟通得分	A 政策沟通排名
阿联酋	5.76	2.69	4.37	12.83	15
阿曼	5.56	2.31	3.69	11.55	27
埃及	6.94	3.08	1.80	11.81	20
巴林	5.36	2.31	2.67	10.34	40
卡塔尔	4.80	2.31	4.45	11.56	26
科威特	5.92	2.69	2.70	11.30	29
黎巴嫩	4.95	2.12	1.46	8.52	52
沙特阿拉伯	5.76	2.69	3.14	11.59	25
土耳其	3.78	2.69	1.54	8.01	54
叙利亚	3.42	2.12	1.41	6.94	61

（续表）

国家	A1 政治互信	A2 合作机制	A3 政治环境	A 政策沟通得分	A 政策沟通排名
也门	1.33	2.12	1.25	4.70	63
伊拉克	3.47	2.31	1.32	7.10	60
伊朗	6.94	2.31	2.13	11.38	28
以色列	6.12	2.50	2.30	10.92	34
约旦	6.73	2.31	2.70	11.74	22

二、设施联通进展迅速

西亚北非国家在设施联通方面平均得分为 10.92 分，高于沿线国家平均水平（10.42 分），有 7 个国家进入前 20 名行列，尤以阿联酋和卡塔尔为最，分列第二、四位，其余海湾国家排名亦非常靠前。这主要得益于：

首先，西亚北非国家整体设施基础较好。这些国家或为重要产油国（如伊朗和海湾六国），或为高度发达国家（如土耳其和以色列），一向重视国内基础设施建设，且质量较高。特别是土耳其、阿联酋和卡塔尔三国，是地区乃至全球最重要的航空、航运中心之一。不过，伊拉克、叙利亚、也门和黎巴嫩由于常年内乱，国内基础设施受到严重破坏，且重建难度较大。尽管西亚北非地区距中国路途遥远且并不毗邻，但双边交通通畅，中国北京、上海、广州等与该地区多数国家均有直航。

其次，通信互联程度较高。西亚北非是全世界互联网最发达的地区，手机的普及率和使用率也非常高，如阿联酋和沙特阿拉伯分占世界第一和第三位。当然，也门、叙利亚和伊拉克三个战乱国家除外。伊朗的情况较为特殊，由于其常年遭受国际制裁，不得不强化发展"国内局域网"并严加管制，因此在该领域得分较低。

最后，产油国油气运输渠道通畅。海湾六国及伊朗和伊拉克港口设施优良、水上通道顺畅，中国每年石油进口量的 50% 来自这些国家。

中国正积极参与西亚北非地区的设施联通建设。

一是铁路。如伊朗德黑兰至马什哈德长达 926 公里的电气化铁路、沙特阿拉伯麦加至麦地那全长 450 公里的双向高铁以及土耳其首条高铁和埃及的铁路改造等。

二是公路。中国在该领域有较高的设备技术水平和建设运营能力，几乎参与西亚北非地区所有国家的公路建设并有较强的竞争优势。

三是港口。目前在建的主要为伊朗的恰巴哈尔港、以色列的阿什杜德新港口等。

四是网络和油气管道。中兴、华为等公司正深入参与该地区多国的移动通信和互联网建设。此外，中国还在推进与伊朗、土耳其的油气管道互联建设。

阿拉伯国家基础设施建设规模接近全球五分之一，仅铁路建设就要在 2030 年之前完成 3.3 万公里，未来，中国在与西亚北非国家交通互联方面大有可为。

表 2　中国与西亚北非国家设施联通指数得分和排名

国家	B1 交通设施	B2 通信设施	B3 能源设施	B 设施联通得分	B 设施联通排名
阿联酋	7.96	7.02	1.33	16.30	2
阿曼	4.81	5.89	2.33	13.02	10
埃及	3.42	4.68	2.00	10.10	34
巴林	5.04	7.09	0.00	12.12	14
卡塔尔	4.96	7.66	2.33	14.95	4
科威特	4.27	6.73	1.33	12.33	12
黎巴嫩	2.81	5.88	0.00	8.69	49
沙特阿拉伯	4.81	4.56	1.67	11.03	23
土耳其	6.44	5.83	0.00	12.27	13
叙利亚	3.33	3.31	0.00	6.64	59
也门	2.65	3.15	2.33	8.14	53
伊拉克	3.33	2.91	1.33	7.57	57
伊朗	5.67	3.16	1.33	10.17	31
以色列	4.65	7.22	0.00	11.87	17
约旦	4.50	4.05	0.00	8.55	50

三、贸易畅通情况较好

经济是中国与西亚北非国家交往的重点，2013 年以来，中国与西亚北非国家每年贸易额均超过 3000 亿美元，占中国对外贸易总额的 8%，领先于非洲、拉美和中亚等地区，对多个该地区国家来说，中国都是其第一大贸易伙伴。同时，西亚北非地区也是中国对外投资、承包工程和产能对接的重要市场。因此，贸易畅通指数均值达 10.63 分，高于沿线国家的平均水平（9.88 分），阿联酋、沙特阿拉伯和卡塔尔 3 个排名最高的国家分占第二、四、五位，且未来仍有较强发展潜力。

一是贸易限制较少。一方面，中国与西亚北非地区国家普遍签有双边贸易、投资保护和避免双重关税协定，正与海合会推进自由贸易区谈判。另一方面，阿联酋等海湾国家法律健全，投资便利，营商环境好，是世界上最开放的市场。

二是互补性强。中国主要进口石油和化工产品，沙特阿拉伯、伊拉克、伊朗、阿曼、科威特和阿联酋常年位列中国前 10 大石油进口国；出口产品则为纺织和轻工业品等。

三是中国产能优势明显。近年来地区政局动荡和国际油价暴跌倒逼西亚北非国家纷纷推进经济转型，如沙特阿拉伯、埃及和卡塔尔分别提出"2030 愿景"、伊朗则提出"抵抗型经济"等，这些国家经济多元化和"再工业化"构想与中国"一带一路"倡议高度对接。此外，埃及还推出"苏伊士运河经济带"战略、阿联酋、巴林则各自提出"龙城"计划，令双方在基础设施建设、交通和制造业等领域的产能合作推进较快。

当然，中国与西亚北非国家的合作也有不少阻碍。如伊朗由于遭受国际制裁，与中国的双边贸易困难较多，中兴公司就因向伊朗出口科技产品被美国课以 8.92 亿美元罚款。再如，由于中国对几乎所有非石油进口国均保持贸易顺差，特别是土耳其和埃及，所以常招致不满甚至反倾销调查。此外，由于近年来西亚北非地区国家经济不景气，失业率高企，各国纷纷推出雇员本地化政策，令中国与这些国家的劳务合作受到一定限制。

表3　中国与西亚北非国家贸易畅通指数得分和排名

国家	C1 畅通程度	C2 投资水平	C3 产能合作	C 贸易畅通得分	C 贸易畅通排名
阿联酋	6.67	5.11	4.04	15.82	2
阿曼	5.77	2.40	3.99	12.16	10
埃及	3.48	3.71	2.55	9.73	28
巴林	3.32	1.87	3.27	8.45	47
卡塔尔	5.38	3.29	4.66	13.33	5
科威特	3.69	4.00	3.54	11.23	17
黎巴嫩	2.85	2.81	2.26	7.92	52
沙特阿拉伯	4.01	4.96	5.73	14.70	4
土耳其	4.65	4.50	2.82	11.97	14
叙利亚	2.61	3.20	2.12	7.93	51
也门	2.87	2.52	1.35	6.74	57
伊拉克	3.39	2.43	3.07	8.89	41
伊朗	3.53	4.56	1.97	10.07	24
以色列	4.62	3.64	2.52	10.78	20
约旦	3.49	1.78	4.45	9.72	29

四、资金融通两极分化

在2014年6月中国—阿拉伯国家合作论坛第六届部长级会议上，习近平主席提出"1+2+3"合作格局，将促进"贸易和投资便利化"作为中阿合作的重点之一。资金融通在币值稳定、货币兑换自由、融资条件便利的海湾国家取得明显成效，得分普遍较高。

一是银行合作进展较快。借助阿联酋、巴林地区金融中心的便利条件，目前中国四大国有银行均在阿联酋落户，业务覆盖中东乃至非洲各国，国家开发银行和中国出口信用保险公司也在阿联酋设有工作组；中国银行则在巴林设立代表处；银联卡已能覆盖阿联酋境内所有 POS 终端和 ATM 机，在埃及可直接在 ATM 机上取款，在巴林则需借用花旗银行的 ATM 机。同时，阿联酋联合国民银行、阿布扎比银行（现更名为"第一阿布扎比银行"）也相继在华开设代表处。

二是共同设立投资基金。中国同阿联酋设立总额 100 亿美元的投资基金，主要用于战略经济部门的直接股权投资。科威特、阿联酋、阿曼、卡塔尔、沙特阿拉伯、以色列、埃及、伊朗、约旦和土耳其均为亚洲基础设施投资银行创始成员。

三是推动人民币国际化。阿联酋有意将迪拜建成中东地区的人民币离岸中心，卡塔尔 2015 年 4 月成立人民币清算中心，对中国大陆及中国香港的交易 60% 采用人民币结算。中国与阿联酋、卡塔尔和埃及签有本币互换协定，分别为 350 亿元人民币／200 亿阿联酋迪拉姆、350 亿元人民币／208 亿卡塔尔里亚尔和 180 亿元人民币／470 亿埃及镑。

四是吸引更多主权财富基金。国际油价高企期间海湾产油国积累巨额石油美元，其主权基金对"一带一路"倡议持开放态度，积极参与项目融资。

但与此同时，中国与叙利亚、也门、伊拉克等战乱国家的资金融通基本陷于停顿，土耳其、埃及、约旦因国内经济环境恶化，本币大幅贬值，资金融通的风险增大，加之埃及等国外汇短缺严重，对外汇管制严格，这些国家的得分和排名均较低。

表4　中国与西亚北非国家资金融通指数得分和排名

国家	D1 金融合作	D2 信贷体系	D3 金融环境	D 资金融通得分	D 资金融通排名
阿联酋	6.00	4.00	5.44	15.44	5
阿曼	1.00	4.29	4.83	10.12	32
埃及	1.83	2.08	3.19	7.11	51
巴林	2.50	4.00	4.19	10.69	29
卡塔尔	5.17	4.79	4.84	14.79	8
科威特	3.50	5.21	5.04	13.75	14
黎巴嫩	0.00	1.67	3.87	5.54	59
沙特阿拉伯	1.83	4.21	6.67	12.71	18
土耳其	5.50	3.50	5.23	14.23	11
叙利亚	0.00	1.33	2.49	3.82	63
也门	0.00	0.00	3.86	3.86	62
伊拉克	0.00	0.92	4.44	5.36	60
伊朗	1.00	1.88	3.61	6.48	54
以色列	2.67	6.25	5.16	14.08	13
约旦	1.00	1.42	3.48	5.89	57

五、民心相通潜力较大

西亚北非国家民心相通平均得分仅 9.62 分，只有埃及、以色列、阿联酋、伊朗、土耳其五国分数在沿线国家平均得分（10.76分）之上，分数最高的埃及和以色列分列第 10、11 位。其余各国排名靠后。该结果符合预期。

其一，旅游是促进民心相通的重要渠道。表现最好的五国旅游资源丰富，均是中国旅游热门目的国，且高度重视吸引中国游客。如阿联酋 2016 年召开"中国旅游论坛"，并在华举办十余次巡回路演；各国纷纷向中国游客提供免签或落地签，或简化签证手续；2016 年 3 月起在阿联酋可使用中国驾照。其他国家或领土狭小缺少旅游资源，或政局动荡安全形势较差，因而得分较低。

其二，孔子学院促进作用明显。截至 2016 年 12 月 31 日，中国在西亚北非沿线地区已成立 16 所孔子学院，分别为土耳其（4 所）、伊朗（2 所）、以色列（2 所）、约旦（2 所）、阿联酋（2 所）、埃及（2 所）、巴林（1 所）、黎巴嫩（1 所），通过汉语教学、文化推广等活动，明显增进了当地民众对中国的了解和认可。

其三，文化交往日益密切。民间层面，武术、中医、茶道等传统中国文化受到当地民众喜爱，在埃及习武者就多达 15 万人，李小龙、成龙等主演的功夫片及《金太郎的幸福生活》《媳妇的美好时代》等中国电视剧走红阿拉伯世界。官方层面，中国与土耳其、约旦、黎巴嫩、埃及互办"文化年"（仅埃及 2016 年就举办超过 100 场活动）；新闻、宗教、影视、图书、文艺等各种交流活动频繁，如 2016 年中沙合拍首部动画片，中阿（联酋）卫视合作讲述中国故事、传播中国声音，未来两年将进行 100 部中阿（联酋）典籍互译以及与埃及、沙特阿拉伯、也门等国互设博物馆和文化中心等；"汉语热""留学热"持续升温，尤以埃及、土耳其、以色列、伊朗、叙利亚、也门等国为最，目前埃及已有 14 所高校开展汉语教学，学生人数超过 5000 人，在华留学生 800 多人（中国在埃留学生超过 2300 人），过去更青睐去欧美留学的海湾国家近年来华留学人数也在不断增加。但是也要看到，由于语言、宗教上的巨大差异和相距遥远等因素，部分国家的民众仍对中国有距离感、陌生感甚至排斥感，在如何增进地区民众对中国的了解方面，中国仍有很多工作要做，有很大的潜力可挖。

此外，中国政府在巴以冲突、反对外来军事干涉等问题上的公正立场以及中国的经济腾飞与和平崛起深受西亚北非地区民众赞同，因此认可度普遍较高。

表5　中国与西亚北非国家民心相通指数得分和排名

国家	E1 旅游活动	E2 科教交流	E3 民间往来	E 民心相通得分	E 民心相通排名
阿联酋	3.82	3.94	4.89	12.64	20
阿曼	1.40	1.10	3.11	5.61	61
埃及	3.90	3.33	6.22	13.46	10
巴林	2.31	3.78	3.11	9.20	42
卡塔尔	1.64	2.76	4.44	8.85	49
科威特	1.91	2.38	3.56	7.85	54
黎巴嫩	3.16	3.34	3.11	9.60	39
沙特阿拉伯	2.69	3.09	3.11	8.90	48
土耳其	3.36	3.43	4.44	11.24	30
叙利亚	2.91	2.19	3.56	8.66	50
也门	1.40	2.09	2.22	5.71	60
伊拉克	2.59	2.46	2.22	7.27	57
伊朗	3.98	2.06	6.22	12.27	22
以色列	3.29	4.33	5.78	13.40	11
约旦	2.83	2.35	4.44	9.62	38

后 记

陈艺元

2017 年 9 月 1 日于北大承泽园

《"一带一路"沿线国家五通指数报告（2017）》即将面世，这里面富含北京大学"一带一路"五通指数研究课题组全体成员的执着、汗水、心力以及不可抗力的延误。2016 年夏天，课题组推出第一本《"一带一路"沿线国家五通指数报告》，开创了通过大数据定量和定性相结合的方法向各位读者直观并客观地展现中国同"一带一路"沿线 63 个国家（除巴勒斯坦）互联互通发展状况之先河。2016 年五通指数报告的问世填补了多项空白，在业界引起不小轰动，并位列年度十大"一带一路"图书，然而疏漏无法避免。2017 年我们海纳各方建议，对指标体系进行了审慎修订，并采用新的指标体系对 2016 年的报告结果进行重新排名，对 2015—2016 年的发展情况进行更为科学的比较和评估。

首先，感谢王继民教授带领的北京大学"一带一路"五通指数研究课题组信息管理系团队不辞辛劳地召开了不计其数的组会，对指标体系进行修订并坚持不懈地跑了若干次数据。我依稀记得数次开完指标体系论证会，抬头已是满天繁星，春天里的校园人迹寥寥更显清冷。对指标体系进行修正是一个艰难且必要的过程，而最后的指数排名表明课题组的坚持取得极大成效。

其次，感谢瞭望智库对北京大学"一带一路"五通指数研究课题组的研究进行资助，确保了 2017 年课题组能够继续进行五通指数相关研究。

其三，感谢各位区域国别专家，包括实操和宏观研判专家，为我们指标体系中无法用客观数据衡量的部分评分。各位难能可贵的实际经验和数十年对该领域的积淀为我们获得客观公正的评分并最后获得令人信服的指数奠定了坚实基础。

其四，感谢翟崑教授在"一带一路"国际合作高峰论坛之后对整体"一带一路"倡议发展情况进行总体评估和展望并亲笔写下"总论"。感谢翟崑教授团队和各位全国顶级区域国别专家由表及里解读"五通"各项指标和区域发展情况。尤其是通过量化指数对"一带一路"六大区域及"丝绸之路经济带"和"21 世纪海上丝绸之路"进行的解读成为本书新的特色和底蕴。

最后，感谢商务印书馆参与本书出版的各位编辑和工作人员，本报告的顺利出版同你们的辛勤付出密不可分。

北京大学"一带一路"五通指数研究课题组会在已有成果基础上，再接再厉，攻坚克难，持续推出年度报告，为国家"一带一路"倡议行稳致远、打造沿线国家同我国互利共赢的"利益共同体"和"命运共同体"贡献绵薄之力。

图书在版编目(CIP)数据

"一带一路"沿线国家五通指数报告.2017/翟崑,
王继民主编.—北京:商务印书馆,2018
ISBN 978-7-100-15664-6

Ⅰ.①一… Ⅱ.①翟…②王… Ⅲ.①"一带一路"—
国际合作—研究报告—2017 Ⅳ.①F125

中国版本图书馆 CIP 数据核字(2017)第 305179 号

"一带一路"沿线国家五通指数报告(2017)

翟崑　王继民　主编

陈艺元　执行主编

商　务　印　书　馆　出　版
(北京王府井大街 36 号　邮政编码 100710)
商　务　印　书　馆　发　行
北京新华印刷有限公司印刷
ISBN 978-7-100-15664-6

2018 年 1 月第 1 版　　　开本 787×960　1/16
2018 年 1 月北京第 1 次印刷　　印张 11¾

定价:45.00 元